"认识中国·了解中国"书系
"十三五"国家重点出版物出版规划项目

中国道路
能为世界贡献什么

韩庆祥 黄相怀 等 著

中国人民大学出版社
·北京·

前　　言

中国道路是中国贡献给世界的珍贵礼物

全面深入探讨中国道路的世界贡献，是本研究团队多年的共同夙愿。近年来，研究团队的成员围绕中国道路的世界意义，发表了多篇有分量的研究成果。我在 2014 年发表的《中国道路的世界意义与马克思主义哲学创新》一文中指出：“讲中国道路，必须把它放在世界历史变迁的大背景当中，把握社会历史变迁中力量转移和结构转型。”同样也在 2014 年，本书第二作者黄相怀在《中国道路破解了一系列发展中国家现代化难题》一文中指出：“从来没有一个国家，能够像中国这样战胜如此众多的艰难险阻，把一个经济文化相对落后的 13 亿多人口的大国带入快速现代化的发展轨道。中国道路是破解发展中国家现代化难题的成功实践。”这些前期理论成果，为写好本书打下了较为坚实的基础。

当然，直接促成本书诞生的，是我于 2016 年在《北京日报》上发表的《中国道路对世界的四大总体性贡献——对梁漱溟之问的回答》一文。文中指出：“中国共产党人带领中国人民走出了一条中国道路，这是中国贡献给世界的珍贵礼物。”我在文中还指出，中国道路对于世界至少有四大总体性贡献，即生存性贡献、发展性贡献、文化性贡献以及和平性贡献。文章的发表引发了社会广泛关注，也引起了中国人民大学出版社的注目，由此便有了对于本书的策划与实施。

本书是“中国道路的世界贡献”研究团队共同研究的成果。它既注重对中国道路的理论阐释尤其是哲学理解，又注重分析研究中国道路的世界贡献或世界意义。本书的最大特色，是坚持政治话语、学理话语和世界话语相统一，坚持历史、理论和现实相统一，坚持“用学术讲政治”。

导言“中国道路能为世界贡献什么”，综合了韩庆祥、黄相怀的研究成果，同时部分地吸收了其他成员的成果，主要由黄相怀负责完成修改定稿工作。第 1 章“中国道路的历史背景”，主要由齐惠负责完成。第 2 章“中国道路的理论阐释”，综合了韩庆祥、黄相怀和刘晨光的研究成果，主要由刘晨光完成修改定稿工作。第 3 章“中国道路的生存性贡献”，主要由张永负责完成。第 4 章“中国道路的发展性贡献”，主要由张开、王声啸负责完成。第 5 章“中国道路的制度性贡献”，主要由王若磊负责完成。第 6 章“中国道路的文化性贡献”，综合了张城、刘晨光和王培洲的研究成果，主要由张城负责完成修改定稿工作。第 7 章“中国道路的和平性贡献”，主要由韩爱勇负责完成。结语“为人类对更好社会制度的探索提供中国方案”，主要基于韩庆祥、黄相怀的研究成果并由黄相怀完成修改定稿工作。

向世界讲述中国道路的世界贡献，是一项严肃的政治任务；全面正确深入地向世界阐释中国道路，要求具有很高的学术水准。因此，作为在中共中央党校工作的哲学社会科学工作者，我们秉持“用学术讲政治”的理念，力求基于政治的要求、按照学术的标准来研究中国道路的世界贡献。当然，我们所做的这项研究工作还是初步的，还需要更多的研究者加入进来，在中国大地上做中国人自己的学问，向世界展现“学术的中国”“理论的中国”“思想的中国”。

习近平同志指出，中国特色社会主义道路是在改革开放 30 多年的伟大实践中走出来的，是在中华人民共和国成立 60 多年的持续探索中走出来的，是在对近代以来 170 多年中华民族发展历程的深刻总结中走出来的，是在对中华民族 5 000 多年悠久文明的传承中走出来的。这四个“走出来”，形象而深刻地概括了中国道路的历史渊源，同时，也揭示和阐明了中国道路的内在特质。这种特质就是中国道路能为世界做出巨大贡献的内在依据，就是坚定道路自信的内在依据。可以说，中国道路内在地蕴含着中国对于世界的贡献。超大的规模和众多的人口，必然决定了中国之于世界的生存性贡献；由较为贫困落后的状态过渡到发展起来后的状态，必然决定了中国之于世界的发展性贡献；动员资源的力量、相对良性有序的国家和社会治理，必然决定了中国之于世界的制度性贡献；悠久深厚的文明传承和文化创新，必然决定了中国之于世界的文化性贡献；以普惠而非对抗的方式参与到世界发展中，必然决定了中国之于世界的和平性贡献。一句话，世界贡献既是中国道路的“溢出效应”，又是深深植根于中国道路自身特质之中的。

党的十九大报告指出：中国特色社会主义道路、理论、制度、文化不断发展，拓展了发展中国家走向现代化的途径，给世界上那些既希望加快发展又希望保持自身独立性的国家和民族提供了全新选择，为解决人类问题贡献了中国智慧和中国方案。这就是中国道路的世界贡献，这种贡献具体体现为本书所讲的五种贡献。

作为国家新闻出版广电总局“十三五”国家重点出版物出版规划项目、“‘认识中国·了解中国’书系”中的一部作品，本书还被翻译成多种语言文字在全世界发行。我们期待，世界其他国家的读者能够从本书中获得对中国道路的较深刻的认知，从而弥补他们对中国道路了解的不足。倘若由此能够激发他们更深层次了解中国道路的兴趣，那就更好了！

新中国成立的时候，从整体发展水平上说，中国当时还是拖世界后腿的国家，而今中国正在为世界发展做出重大贡献，这是一个多么巨大的变化啊！改革开放之初，从学术水平上说，中国的国家形象主要由西方的媒体舆论和学术成果塑造，而今中国的国家形象正在自觉地为中国人自己所书写且被世界瞩目，这又是一个多么巨大的变化啊！正如中国道路是中国贡献给世界的珍贵礼物一样，我们把这本书当作中国学者贡献给世界的一份礼物。愿世界各国人民能够从这两样礼物中感受到中国人民的一个共同想法——中国将越来越好，世界将越来越好！

韩庆祥

2017 年 10 月 25 日

目　录

导　言

中国道路能为世界贡献什么

六十多年前，先辈就希望中国对世界做出贡献。梁漱溟曾问：“中国以什么贡献给世界？”六十多年后，中国共产党人带领中国人民走出了一条中国道路，这是中国贡献给世界的珍贵礼物。习近平同志对中国道路的独特优势给予高度重视，强调中国道路不断发展，为解决人类问题贡献了中国智慧和中国方案，因而要坚定道路自信。

我们党的文献对中国道路已从政治层面做了全面界定。在此基础上，还可从学理上对其哲学精髓、核心要义加以提升，可概括为“一主二合三基”。“一主”，就是坚持中国共产党领导；“二合”，就是中国道路体现着一系列基本的矛盾双方的结合、协调，如科学社会主义一般原则与中国具体实际相结合、改革开放与四项基本原则相结合、市场经济与社会主义制度相结合、效率与公平相结合等；“三基”，是指在我国现代化进程中要注重三种基本目标、三种基本力量和三种基本机制。三种基本目标，就是解放和发展社会生产力，实现全体人民共同富裕，促进人的全面发展；三种基本力量，就是党政主导力量、市场配置力量和人民主体的力量；三种基本机制，就是经济社会发展的动力机制、平衡机制和治理机制。这种“一主二合三基”，既着力于解决生存、发展问题，又着力于解决文化问题，还着力于解决世界和平问题，当然也体现出制度优势。从总体上讲，这样的中国道路能为世界做出“生存性贡献”

“发展性贡献”“制度性贡献”“文化性贡献”和“和平性贡献”。正是由于这些贡献，中国道路便具有了十分重要的世界意义。

一、中国道路的生存性贡献

中国道路使中国主要靠自己的力量解决了自己的生存问题，即它解决了占世界总人口约四分之一的中国人的吃饭问题，这是生存性贡献。

改革开放之初，占世界总人口约四分之一的中国人的吃饭问题是首要问题；不解决中国人的吃饭问题，中国甚至整个世界都难以安定。解决不了中国人的吃饭问题，就意味着贫穷的普遍化，而在极端贫困的情况下，就必然重新开始必需品的争夺，也就是说，陈腐的东西就会死灰复燃。由此，马克思、恩格斯指出：物质生活资料的生产是一切历史的第一前提。因为人们为了能够创造历史，就必须能够生活，为了生活，首先就需要吃、喝、住、穿以及其他一些东西。因此，吃、喝、住、穿是人的第一需要，满足这一需要的物质生活资料生产是人类的第一个历史活动。由此，恩格斯指出，像达尔文发现有机界的发展规律一样，马克思发现了人类历史的发展规律，即历来为繁芜丛杂的意识形态所掩盖着的一个简单事实：人们首先必须吃、喝、住、穿，然后才能从事政治、科学、艺术、宗教等等；所以，直接的物质的生活资料的生产，从而一个民族或一个时代的一定的经济发展阶段，便构成基础，人们的国家设施、法的观点、艺术以至宗教观念，就是从这个基础上发展起来的。

中国道路的最本质特征是坚持中国共产党领导，追求的根本目标之一是逐步实现全体人民共同富裕。中国共产党的执政本质是立党为公、执政为民，中国共产党的根本宗旨是全心全意为人民服务。这一本质和宗旨的具体体现，就是首先解决中国人的吃饭问题（挨饿问题）。为此，中国共产党人在 20 世纪 80 年代党的十三大上，提出了“三步走”战略：第一步，实现国民生产总值比 1980 年翻一番，解决人民的温饱问题。这个任务已经基本实现。第二步，到本世纪末，使国民生产总值再增长一倍，人民生活达到小康水平。第三步，到下个世纪中叶，人均国民生产总值达到中等发达国家水平，人民生活比较富裕，基本实现现代化。然后，在这个基础上继续前进。在 20 世纪 90 年代党的十五大上，我们党又根据变化了的实际，提出了 21 世纪中国社会发展的“三步走”设想：第一个十年实现国民生产总值比 2000 年翻一番，使人民的小康生活更加宽裕，形成比较完善的社会主义市场经济体制；再经过十年的努力，到建党一百年时，使国民经济更加发展，各项制度更加完善；到世纪中叶建国一百年时，基本实现现代化，建成富强民主文明的社会主义国家。党的十九大指出，从 2020 年到 2035 年，在全面建成小康社会的基础上，再奋斗 15 年，基本实现社会主义现代化，这比原来构想的提前了 15 年。这是多么了不起的贡献！历史和实践证明，中国道路不仅使中国人靠自己的力量真正解决了中国人的吃饭问题，而且中国以占世界 7%的耕地养活了占世界 19%的人口。这对整个世界是一种巨大的生存性贡献。

二、中国道路的发展性贡献

中国道路使中国人的生活水平从总体上达到了小康，这既有利于拓宽世界在中国的市场，为世界发展创造机会，也有利于世界共享中国发展成果，这是发展性贡献。

这种发展性贡献与中国道路直接相关。

中国道路表明，中国共产党可以发展中国。中国共产党具有独特优势：一是在决策正确的情况下，可以有效动员、组织国家一切资源和力量办成大事。二是注重基于中国基本国情、从中国具体实际出发来解决中国问题，处理各种复杂的矛盾关系。三是注重学习，善于总结经验教训、自我纠错、自我更新和开拓创新。它积极学习世界各个国家一切文明的有益成果，如“市场经济”“国家治理”“社会组织”等。这既可激发经济发展活力，也可促进社会和谐，还可使中国共产党不断克服自身的局限，呈现出强大的生命力。四是它既一脉相承地坚持马克思主义、社会主义的政治立场，同时又与时俱进地适应新时代、新环境进行开拓创新。五是它努力反映社会历史发展规律和趋势，不断确定具有动员和凝聚作用的战略目标，具有战略定力。显然，这些独特优势不仅能解决中国人的吃饭问题，而且能极大推进中国发展。某些人较多看到中国共产党执政的所谓“弊端”，却忽视中国共产党执政的独特优势，这需要澄清。

中国道路表明，中国特色社会主义可以发展中国。中国特色社会主义是党和人民在长期实践中形成和发展起来的，具有独特优势：它注重从客观实际出发，立足中国基本国情，具有实践基础，不浮漂；它注重“一元主导”，坚持社会主义根本政治原则，具有正确导向，不改旗；它注重“二基结合”，强调改革发展历史进程中基本的矛盾双方的结合、协调，具有可持续性，不摇摆；它注重“自主创新”，实施创新驱动，具有动力作用，不懈怠；它注重原则性和灵活性的统一，能有效解决改革发展进程中的问题，蕴含着治国理政的政治智慧，不僵化；它以经济建设为中心，注重解放和发展社会生产力，把发展看作硬道理，把实现社会主义现代化作为推进中国发展的根本路径，集中解决社会主要矛盾，使中国人民聚精会神搞建设，一心一意谋发展，使中国发展取得巨大成就，不折腾；它以实现社会主义现代化和中华民族伟大复兴的中国梦为战略目标，把协调推进“四个全面”战略布局作为实现这一战略目标的总体方略，不迷失。显然，这些独特优势能极大促进中国发展。

中国道路表明，改革开放是发展中国家走向现代化并追赶西方发展水平的根本动力和重要法宝。发展中国家所要实现的现代化目标很宏伟远大。然而，实现这种目标却遇到了种种体制机制弊端和陈旧落后的思想观念之阻碍。只有不断改革这些体制机制和破除这些思想观念，国家才能顺利走上现代化发展之路。因此，自 1978 年以来，中国共产党人积极推进改革，推动了中国发展，终于在 2010 年使中国成为世界第二大经济体。

中国道路表明，正确把握现代化发展进程中改革发展稳定的关系、政府市场社会的关系，对解决发展问题尤为重要。在生产力相对落后的时候，发展就是硬道理，需要利用市场经济和市场机制的力量，其中动力机制尤为重要。要发展就必须进行改革，即破除发展的体制机制障碍，建立良好的治理机制，这时，转变政府职能并更好地发挥政府的力量就显得十分重要。在改革发展过程中，尤其是相对发展起来以后，社会进入矛盾多发期，稳定问题会凸显出来。这时，通过建立平衡机制并发挥其作用，同时积极调动社会力量，就显得相对突出。所以，在实现现代化进程中，需要正确把握好改革发展稳定的关系、政府市场社会的关系，充分发挥好动力机制、平衡机制和治理机制的作用，并使三种机制达到协调、优化，从而获得快速发展。实际上，中国提出的计划与市场相结合、市场经济与社会主义相结合、“看得见的手”与“看不见的手”相结合的理论及其后来的实践，是对当今世界包括广大发展中国家寻求经济发展道路的重要贡献。

中国道路表明，中国特色社会主义道路不断发展，拓展了发展中国家走向现代化的途径，给世界上那些既希望加快发展又希望保持自身独立性的国家和民族提供了全新选择。

中国发展本身就是对世界的一种发展性贡献。中国的发展，既为整个世界贡献了诸多低成本的日常生活消费品和高技术含量的中国制造产品，如在世界许多国家，我们都可以看到由中国生产的日常生活消费

品，中国的高铁走出去也是为世界所做的贡献；又拓宽了世界在中国的市场发展空间；也为发达国家的资本获取利润提供了机会；还能使一些国家共享中国发展的成果。中国实施的“一带一路”合作倡议，可以使沿带沿路、沿途沿线的国家从中受益。中国已成为世界最大贸易国，如果继续保持这个势头，中国将为世界提供巨大市场。因而，把中国发展的事情做好，就是对世界发展的最大贡献。

三、中国道路的制度性贡献

短短数十载，中国发展取得巨大成就，而这样的成就是在应对国内、国际诸多困难及挑战下取得的，来之不易，也就更能彰显其制度的品质与力量。中国幅员辽阔但地区差异巨大、发展极不平衡，人口众多、资源紧张，文化悠久、历史负担重，民族多样、民族文化差异较大。因此，相对于其他国家而言，中国国家治理局面更加错综复杂。就国际形势而言，国际竞争日趋激烈、共赢空间不断被压缩。这使得中国自身的发展轨迹和逻辑也一再受到干扰、挑战和威胁，但在全球化时代中国又不得不与国际社会合作，融入其中，在狭窄空间中闪转腾挪、纵横捭阖。就世界大势而言，现代社会相对于传统农业社会更加复杂、变迁更加剧烈迅速，面临不可回避也无法逆转的观念多元和技术进步日新月异的挑战，中国必须在“时空压缩”的条件下、在观念多元的撕扯下追赶工业化、信息化的步伐，其难度可想而知。在这样的复杂局面下，中国国家治理取得的成就更来之不易，而这长久、稳定、令人瞩目的发展必然离不开其背后制度的力量。

虽说制度必须符合国情，任何国家均需找到契合本国实际情况之制度，否则制度不会发生效用；然则任何具有生命力和发挥良性作用的制度，必然都有其普遍的意义和价值。中国制度也不例外。即便不能说所有具体的制度细节都有普遍意义，但中国成就彰显出的制度抓力和品质，在观念层面上，至少对诸多发展中国家，或者一些试图摆脱发展困境、谋求稳定与增长的国家有一定程度的借鉴价值。宏观上，中国道路的制度性贡献，可以体现在以下几个方面：

（一）丰富了世界发展模式和政治制度的多样性

中国制度的首要价值，是实事求是、因地制宜，不照搬照抄，根据自己的现实建章立制，进而证明了非西方自由民主模式也能带来成功的治理。二战及冷战后，长时间以来模仿西方是"唯一正道"，西方也大力推销其制度，自以为至此已走向了"历史的终结"。然而，一方面，照搬照抄移植其制度的国家大都未能走向稳定富强，反而社会分裂动荡，经济疲软，贫富差距拉大，在中东、非洲、南美洲等地几乎鲜有成功案例；另一方面，西方大国自身也增长乏力、社会分化、民粹主义盛行，逐渐显出衰退迹象。这一发展轨迹警醒诸国，西方制度不具有普遍性，不一定带来良善治理；而制度选择应适合本国实际，一国应根据自己的情况，包括人口规模、资源禀赋、发展阶段、历史传统、文化习俗、根本制度、民族宗教状况、周边国际环境等，还要根据所面临的问题与挑战以及发展阶段和发展的阶段性目标建章立制。事实上，制度及其效用往往与其"嵌入"的社会背景相关。制度要生根、生效，就必须适应、契合"先在"的文化习俗、历史传统和制度背景等。后者的影响潜移默化且根深蒂固，会产生巨大的文化和制度惯性，并反过来塑造其中的制度：一来在"生产端"会影响制度的设计及建构，新生制度由其塑造并需与之契合；二来在"产出端"会制约制度的落实和效果的发挥①。此时，中国迥异于西方、自主建立的一套适合于自身状况的制度带来的良好的效果，一来打破了必须模仿、照搬西方模式才能成功的迷思，二来证明了制度只有符合本国实际、因地制宜才能发挥效用，三来丰富了世界治理模式的多样性，既增强了其他国家走自主发展道路的信心，又为其他国家建构其发展道路与制度提供了借鉴。

（二）建立了一套后发国家的追赶型治理制度与发展模式

中国制度的本质特征，是建构了一套权威的治国理政制度体系，在

---

① 王若磊．依规治党与依法治国的关系．法学研究，2016（6）．

政治参与与政治稳定之间保持动态平衡，在保持政治开放性和可参与性的同时，能够保证政治决策及其落实的权威，能够集中力量办大事，推动社会朝政治目标发展。对所有发展中国家而言，其面对的首要问题是发展和追赶。任何制度的建构都要依据、围绕其目标和重心，不能本末倒置，不能封闭僵化，制度不能过于超前，超越自己的发展阶段。利益多元条件下的政治参与是道义目标，但不能过于激进，破坏追赶和发展所需的稳定的秩序环境和团结的共识状态。巴西就是典型的例子[①]。发展中国家所面临的问题，需要靠一套有权威的制度来推进。这些国家需要权威力排众议，在分歧下寻求最大公约数，在此基础上做出重大决策，并坚定推进决策执行。任何明智、清醒、审慎之人都应该有此种历史感和现实感。拥有稳定的政治权威、完善精密的行政体系、强劲有力的执行手段、审时度势的宏观调控能力，统筹各方、超越分歧、负重前行，能集中力量办大事，在多项选择和相互牵扯的目标之间选取最重要、最迫切的目标并使之实现，是发展中国家建构制度所需考虑的首要问题。

（三）保持了能够及时回应变化和挑战的制度弹性与可调适性

中国制度的关键经验在于，其能够保持制度的适应性和灵活性，根据战略目标和核心矛盾的变化主动适应、自我调适，防止僵化封闭，在变与不变、动与不动之间保持平衡。任何制度如果过于僵化，脱离了早已经变化了的现实，而不是适应现实的要求和重心的转移，那就必然束缚发展的进程，减缓发展的步伐。中国发展的一条经验是，中国制度并不故步自封，而是不断自我革新、自我调适，不断去适应发展了的现实，进而迸发出巨大的活力。相反，很多国家制度僵化，未能适应现实变化，造成了制度与现实脱节的政治衰败的窘境。这种自我调适也体现在制度的回应性上，通过不断回应民众诉求和突出问题来自我调适和改进。现代社会新问题、新热点、新争议层出不穷，制度不可能全知全

① 福山. 政治秩序与政治衰败. 桂林：广西师范大学出版社，2015.

能，而是要不断自我改进、自我调适。有学者指出：一个具有代表性的政府必须不只是可以由民众控制，不只可以增进公众的利益，而且还必须能对民众进行回应。一个具有代表性的政府必须存在能让被代表者表达其意愿的机制，同时这个政府还必须对他们的意愿进行回应，除非政府有很好的理由去违背他们的意愿。这里不需要存在持续的回应行为，但必须持续存在可以进行回应的条件，并时刻准备回应。具有代表性的政府是那种当民众具有某种意愿时，它就能够予以回应的政府①。制度从来都不是靠纯粹理性建构的言辞中的“城邦”，特别是在发展日新月异的现代复杂社会，自然理性试错、不断纠正、缓慢建构、逐渐改进的过程才相对合理。想当然的制度革命和“休克疗法”，不仅成本更高、代价更大，而且文化和制度中的惯性并不会使之带来新生，而更可能造成倒退。这一点已被人类经验反复证明。

四、中国道路的文化性贡献

中国道路向世界展示的贵和尚中、和而不同、天人合一的“仁义”“和合”文化更具世界道义性，更具世界魅力，这是文化性贡献。

这种文化性贡献与中国道路相关。中国道路是在马克思主义基本原理与中国具体实际相结合的过程中开创出来的，它既体现了马克思主义的基本原理，又具有中华传统优秀文化的基因。

中国道路表明，发展着的马克思主义具有强大生命力，具有指导意义。自从苏联解体后，有些人认为马克思主义过时了，对马克思主义失去信心。实际上，失去生命力的那种马克思主义，是被僵化教条化的马克思主义，不是与时俱进的马克思主义。中国共产党人在坚持马克思主义基本原理的前提下，把马克思主义基本原理与中国具体实际相结合，不断推进马克思主义中国化、时代化、大众化。这样的马克思主义不仅没有过时，而且焕发出勃勃生机；它既增强了中国马克思主义在世界马克思主义研究中的影响力和话语权，也在理论上提高了中国意识形态的

① 皮特金. 代表的概念. 长春：吉林出版集团有限责任公司，2014.

世界影响力和吸引力。这是中国道路对“意识形态”的一种文化性贡献。

中国道路表明，世界人类文明具有多样性，而中国道路所蕴含的“仁义”“和合”的本质、本位文明是不同于西方文明的一种新的文明类型。西方许多学者极力维护西方文明在世界上唯我独尊的地位，认为西方国家所推行的普世价值可以成为普遍性的文明规范，因而极力为西方主导的世界秩序之合理性提供理论基础，蔑视非西方世界的文明。他们往往用西方话语体系解读中国，不愿承认中国道路及其成功。他们竭力寻找中国发生危机的根源，认为中国政治体制不具备自我革新、自我调整的机制和能力。中国道路的成功，确证世界文明具有多样性，确证中国的“仁义”“和合”文化及文明更具有道义性。中国道路所蕴含的世界观和价值观，既尊重个人平等发展，又注重社会和谐，也强调国家主权，还注重世界和谐，它强调“协和万邦”“世界大同”“休戚与共”，认为“独善其身”并不可取，“兼济天下”才是合理的自然秩序。显然，中国道路用“和平发展”“合作共赢”标准来评判各种政体的表现，更具正当性、道义性、合理性。这是不同于西方文明的一种新的文明类型，这种新型文明是多彩、平等和包容的。这是中国道路对“世界文明”的一种文化性贡献。

中国道路表明，世界上的发展道路具有多样性，各个国家的发展道路具有自己的特殊性，因而它破除了对世界发展单一道路的迷信，为其他发展中国家提供了一种启示：应依照本国国情探索自身的发展道路。以坚持尊重历史发展规律和坚持人民主体地位相统一的哲学方法来选择适合本国国情的发展道路是最根本的。中国道路是从中国客观实际出发认识中国国情而开辟的发展道路，符合历史发展规律与实践发展的逻辑：在中国搞社会主义，没有现成公式可以遵循，也没有既有模式可以照搬，必须走自己的路。由此，必须“在中国共产党领导下”并“立足中国国情”进行实践探索；要把握中国国情，就必须从客观实际出发；从客观实际出发认识中国国情，我们党得出一个对中国道路具有“总依据”意义的重大论断，即我国社会主义依然处在初级阶段；在这一阶段，其根本任务是“解放和发展社会生产力”；要解放和发展社会生产力，就既要利用“市场经济”，又要力求使经济、政治、文化、社会、生态达到全面协调和统筹兼顾，还要实行“改革开放”。可见，中国道路有其历史必然性。这条发展道路也体现中国人民的主体需求和价值追求，体现注重民生、民富、民和、民主的民本精神，注重促进人的全面发展，有其价值合理性。实践证明，注重发展与和谐相统一的中国道路具有鲜明优势，是促进中国发展的根本原因。这一中国道路因具有哲学基础且又蕴含“和而不同”的文化基因，因而是对确证“道路多样性”的一种文化性贡献。

五、中国道路的和平性贡献

中国道路使世界力量结构发生变化，促进力量转移，进而重塑世界新格局，促进世界多极平衡，利于维护世界和平，这对解构“国强必霸”的逻辑是一种和平性贡献。

西方发达国家所倡导的发展道路具有三个理论支柱：强调个人权利和自由的自由主义，认为最好的制度是尊重个人自由的制度；以西方文明为中心的西方中心论，认为西方文明是真正的文明，西方标准就是世界标准，非西方世界应向西方标准看齐；两极对立的世界观，认为国家追求自我利益最大化符合自然秩序。显然，这种道路蕴含的是“两极对立”的世界观，蕴含着“对立”“冲突”，甚至发动“战争”的基因，因而不利于世界和平。这就是当今世界不够安定、不太和平的深层原因之一。中国道路既尊重个人权利、自由、平等和全面发展，又注重社会和谐，也强调国家富强，注重正确处理国家、社会和公民个人之间以及政府、市场和社会之间的关系；中国道路的世界表达，就是坚持走和平发展道路，既强调世界多极制约、世界大同、协和万邦、和平发展、合作共赢，反对单极独霸，又注重建构当今世界和平发展新秩序。就是说，中国道路强调世界是多极的而不是单极的，是合作共赢的而不是单极独霸的，是拒绝“国强必霸”的逻辑并反对围堵打压别国的。显然，中国道路有利于世界合作共赢、和平发展。这种中国道路对整个世界就是一种和平性贡献。

中国和平发展影响到全球各个地区，不仅涉及一些世界性大国，也涉及亚、非、拉的许多发展中国家；不仅关乎世界金融、贸易和安全，也关乎国际机构和组织，包括联合国、世界贸易组织、二十国集团和八国集团等。中国和平发展已成为国际关系议事日程的重要组成部分。中国的和平性贡献主要在于：在中国和平发展的影响下，美国在 20 世纪 90 年代两极世界瓦解的背景下建立单极世界的企图受阻，中国因素越来越有效地抑制美国的霸权主义行径；中国和平发展的一个重要努力是推动改革国际金融体系，这对巩固世界和地区安全且使更多国家成为国际政治进程的参与者发挥着积极作用；在人文领域，中国大力加强“软实力”建设，在全球努力塑造一个积极的中国形象。

六、中国道路的世界意义

（一）中国道路打破了对西方路径的依赖，既能加快中国发展又保持了自身独立性

走一条什么样的发展道路，是包括中国在内的所有发展中国家面临的一道难题。二战以后，在以苏联为代表的社会主义国家之外，多数发展中国家的现代化是仿照西方模式进行的。

西方为发展中国家指出的现代化路径，以 20 世纪 20—30 年代形成的新自由主义为理论基础。该理论的基本主张是“市场化”“自由化”和“私有化”。1989 年，在美国政府和西方金融界的推动下，形成了指导拉美经济改革的十项政策主张，后来被称为“华盛顿共识”，其核心内容与新自由主义一脉相承。然而，这一所谓“共识”自 20 世纪 90 年代在拉美推行以来，拉美国家连续发生经济和金融危机，面临严重的经济衰退、两极分化和尖锐的社会矛盾。苏东剧变后，新自由主义的“休克疗法”一度令东欧陷入严重的经济衰退。可以说，新自由主义在全球的泛滥，令广大发展中国家饱尝苦果。

中国道路，是一条成长于资本主义体系之外、从根本上摆脱对西方

路径依赖的现代化道路。当中国向世人展示了完全不同于西方设定的发展路径和辉煌成就时，世界开始注目东方。

中国道路，与新自由主义和“华盛顿共识”有根本区别。从制度前提看，中国特色社会主义制度以人民代表大会制度为根本政治制度，实行中国共产党领导的多党合作和政治协商制度等基本政治制度；以公有制为主体，多种经济成分并存和共同发展。从指导思想看，中国的社会主义市场经济制度高度重视宏观调控，强调发挥计划与市场两个手段的长处。从政府在经济活动中的作用看，学者们包括许多西方学者在内的研究表明，中国道路之所以成功，是因为它不仅拥有一个“大政府”，而且拥有一个“好政府”。所有这一切，与新自由主义以资本主义政治制度和推行私有制为基本的政治经济前提、主张政府不干预经济的“小政府”形成了巨大的反差。此外，中国道路还有一些鲜明特点，如出口导向型政策、高储蓄率和投资率、重视教育和人力资源开发等等。这些特征，共同构成了中国道路的主要内涵。

林毅夫认为，中国作为一个发展中国家和转型中国家，在现代化进程中面临的挑战和机遇与其他发展中国家和转型中国家在本质上较为接近。理论的适用性决定于条件的相似性。能够解决中国现代化进程中所面临的困难，把握发展机遇，推动中国较好较快地实现现代化的理论，对于处于相同发展阶段的发展中、转型中国家来说，必然要比发达国家创造的理论更具参考价值和借鉴意义①。事实证明，恰恰是与西方所推崇的发展模式相区别的中国道路，最有力地推动了本国的发展，中华民族以昂扬的姿态自立于世界民族之林，中华民族伟大复兴的中国梦一定会变为现实。中国道路向世界昭示，每个国家都应当根据本国的具体国情来选择自己的发展道路。中国道路向世界昭示，社会主义制度、强有力的政府、混合经济、宏观调控，同样可以成为现代化的成功元素。在未来，中国模式将进一步打破新自由主义和“华盛顿共识”的迷思。

---

① 玛雅. 道路自信：中国为什么能. 北京：中信出版社，2014：36.

（二）中国道路能够有效克服“后发劣势”

人们普遍认为，发展中国家在现代化道路上，可以利用发达国家已经研发出来的先进科学技术，可以借鉴现代化的成熟知识和经验，有开放的国际市场，有丰富的人口和资源红利。一些国家根据这些“后发优势”制定了“赶超战略”，在一定范围内取得了成功。但是，总体来看，“后发优势”更多体现在现代化的起步时期，当经济社会发展到一定程度，“优势”就会缩水，反倒是“后发劣势”越来越明显，严重阻碍其现代化进程。

一是不利于发展中国家建构世界政治经济秩序。旧的国际政治经济秩序，是由以美国为首的西方国家主导确立的，带有明显的殖民主义和霸权主义残余。在现代化道路上，西方国家绝不会轻易给后来者提供平起平坐和公平竞争的机会。在政治领域，西方大国推行强权政治，干涉他国内政，插手地区冲突。在经济领域，西方发达国家力图维护国际生产体系中不合理的国际分工、国际贸易体系中的不等价交换和国际金融体系中的不平等地位。这是世界南北差距问题的根源所在，也是制约发展中国家实现现代化的重要因素。

二是资源、环境、科技、人才等发展要素约束加大。在发达国家现代化历史上，它们从发展中国家掠夺能源和原材料，从未考虑环境保护的义务。同时，其科技、人才力量在世界上的绝对优势地位，亦成为其现代化进程的有力推手。而当发展中国家启动现代化时，这些发展要素和西方国家相比则几乎全处于绝对劣势。虽然中东和拉美一些国家有比较丰富的石油，但其资源构成比较单一，不可能再像当年的“日不落帝国”那样集天下资源为己用。更多的包括中国在内的发展中国家，则不得不面对能源日益短缺的局面、保护环境和可持续发展的两难。在科技领域，西方国家严格限制向发展中国家转让先进和关键技术，设置不合理的商业惯例条款，索取高额的技术转让费用。发展中国家在科教方面的普遍落后，使得许多本国的尖端人才为寻求更好的科研环境而向发达国家单向流动，这就使其人才匮乏的情况更加严重。

三是资金缺乏导致发展动力不足。从世界范围来看，发展中国家普遍缺乏发展所必需的资金。一方面，在国际金融危机前，全球资本主要流向发达国家。2008 年，全球外国直接投资（FDI）的 1.77 万亿美元中，1.1 万亿美元投向了发达国家。国际金融危机后，这种局面有所改变，但 2011 年，流入发达经济体的投资仍然超过发展中国家。而在流入发展中国家的投资中，分布又极不均衡。另一方面，一些发展中国家取得独立后，国家财力长期不足。受制于资金不足，发展中国家的基础设施与公共设施建设长期滞后，而这又反过来导致其投资环境较差，影响了国际资本的流入。

中国道路是最有效打破这三大“后发劣势”的现实选择。

首先，中国道路是一条和平发展之路，能够有力推动世界新秩序的构建。在和平共处五项原则的基础上建立国际政治经济新秩序、反对霸权主义，是中国外交政策的重要组成部分。中国一方面合理运用国际规则，另一方面又必须改变那些不合理的国际规则。2015 年，中国同欧盟关于光伏产品的一系列谈判，充分表明中国有改变不合理的国际贸易体系的愿望和实力。可以说，中国越是发展，发展中国家打破旧的国际政治经济秩序的机会就越大、筹码就越足。

其次，中国道路能够有效集合全社会的力量，更有力地打破发展瓶颈。在中国，节约资源、保护环境和可持续发展一开始就是国家战略层面的认识，是实践中的“国家行动”，对破除发展要素约束的有效程度要远远大于其他发展中国家。中国在可持续发展方面，是发展中国家的先行者。在科技和人才方面，中国的体制能够集中力量在一些重点和尖端科技上实现攻关，更好地培养国家所需的应用型人才。神舟飞船的上天、改革开放以来教育事业的蓬勃发展，就是这种优势的直接体现。

最后，中国重视储蓄的民族传统和强大的国家财力，能够有效解决发展中国家资金不足的难题。中国人素有崇尚节俭、重视储蓄的传统，国民储蓄率从 20 世纪 70 年代至今一直居世界前列，这对缓解发展资金不足、推动经济起飞有巨大的作用。此外，中国经济的飞速发展、税收的激增，以及中国政府对土地等最重要资源的掌控，使中国拥有雄厚的国家财力。这就使中国有能力进行大规模的基础设施建设，办成其他国家很难办成的事关国计民生的大事。

（三）中国道路一定程度上破解了发展的两难命题

一是“发展”与“稳定”的两难。稳定是发展的前提。但是，对许多发展中国家而言，经济的发展往往伴随政治动荡，政治动荡又反制经济增长。这种“发展”与“稳定”难以兼容的局面，源于现代化所引发的政治、经济和文化领域的系统性变化对传统社会结构和观念造成的强大冲击。阿拉伯国家在现代化进程中，频频遭遇宗教冲突、社会动荡，其现代化进程被严重干扰或打断，就是这种情况的反映。

二是“对外开放”与“独立自主”的两难。从发展中国家的实践来看，对外开放是一把双刃剑，开放的代价，往往是丧失独立自主的发展权利。西方国家以巨额投资、经济援助为诱饵，使众多发展中国家纷纷向西方资本敞开大门，按照西方游戏规则行事，成为资本主义链条上的被动一环。拉美国家经济长期依赖外资，这样一旦外资撤走，本国经济就面临崩溃。

只有中国共产党领导下的中国，才真正找到了一条同时保持经济快速发展和国内政治稳定的独立自主发展道路。

中国道路坚持共产党的领导，有统一的占主导地位的马克思主义意识形态，这是中国在快速发展的同时能够保持政治稳定的根本原因。与诸多发展中国家党派林立、攻讦不止，以及思想意识形态领域的纷繁芜杂相比，中国始终坚持共产党的领导，坚持马克思主义在意识形态领域的指导地位，为经济社会稳定发展提供了“定海神针”。一党执政、多党参政的政治局面，使中国共产党既能广纳各党派、各群体的智慧，又能保持政策的稳定性与连续性。走中国道路是在全党全民族思想认识高度统一的情况下做出的决定，在改革开放的问题上达成了最广泛的全民共识。

中国强大的国有经济和宏观调控能力，能够有效防止发达国家控制本国经济命脉，保持政治经济发展的独立性和自主性。发展中国家经济抗风险能力低，与其本国民族经济薄弱，特别是国家直接掌控的重要经济部门相对弱小有直接的关系。中国国有经济牢牢掌握着能源、交通、金融等重要工业和服务业，国民经济发展最重要的资源——土地资源一直坚持全民所有。这一方面有利于宏观调控，另一方面也能够有效防止发达国家利用自身的资本优势控制本国经济的要害部门。因此，中国的独立自主、自力更生有实实在在的制度支撑。

第 1 章

中国道路的历史背景

1 中国道路的历史背景

习近平总书记曾讲:“世界的今天是从世界的昨天发展而来的。今天世界遇到的很多事情可以在历史上找到影子,历史上发生的很多事情也可以作为今天的镜鉴。重视历史、研究历史、借鉴历史,可以给人类带来很多了解昨天、把握今天、开创明天的智慧。所以说,历史是人类最好的老师。”① 中国是四大文明古国中唯一没有中断历史的国家,历史对于中国政治发展来讲尤为重要,它是中国政治生命力的源泉所在。从政治史的角度看,中国有数千年连绵不断的“平天下”的传统,这种传统在秩序构建、国家治理、民生发展、文化教育等方面的深度、广度和力度都是人类历史上前所未有的,对世界文明具有原创性的贡献。我们的眼光要超越西方,不能总拿西方概念模式肢解中国政治发展。

传承“平天下”这一政治传统的使命历史地落在中国共产党肩上,道路、理论、制度和文化也不断证明中国共产党正在继承这一“平天下”的政治传统并与时俱进地赋予其新的更丰富的内涵,这是中国共产党取得政权并长期执政的根本依凭。在此基础上,中国政治更应该发展出“特色”与“自我”,唯有如此,才能认识到中国的崛起和复兴不仅是中国人民的福祉所在,也是世界和平所系。

中国“平天下”的政治传统内涵丰富,它涉及政治价值、政治制度、政治运作、政治文化、政治教育、政治认知、政治生活等方方面面,各种因素共同构成一个庞大的复杂共同体。简单地说,“平天下”的政治传统以先秦儒家学说为主旨,辅以道法百家,以民为本的政治理念落实在政治实践中,形成了以大一统的郡县制为根本政治格局,在政治运作上以选贤任能的官治和治官为枢纽,在文化教育上以核心价值观的树立为凝聚,三者之间相互作用、互为因果,实现“大同世界”这一政治终极目标。

---

① 习近平致第二十二届国际历史科学大会的贺信. (2015-08-23). http://news.xinhuanet.com/politics/2015-08/23/c_1116344061.htm.

第 1 节　政治格局：大一统的政治体制

中国政治与西方政治最大的差异在于，中国早在公元前 3 世纪就建立起一个大一统的中央集权政体。在此之后绵延数千年的发展中，虽分合不断，但大一统的政治传统始终没有断绝，直到今天中国形成的仍然是一个统一的多民族国家，这既是对历史的传承，也是由中国政治发展的兴衰规律所决定的，更是中国共产党最大的政绩。大一统的政治体制不能简单地用西方政体类型学的标准来套用，它既是一种文化传统，也是一种制度模式，还是一种国家的生存和发展状态，蕴含着中国政治发展的道统。当代美国著名政治哲学家帕斯奎诺提出，应当用更加复杂的政体类型学来分析和研究当今中国政治制度——这一研究会在具有惰性的西方知识界掀起巨浪。

一、大一统政治体制的形成

“大一统”一词最早见于《公羊传》。孔子作《春秋》，微言大义，开篇为“元年春，王正月”，《公羊传》云：“何言乎王正月？大一统也。”“大”解作“尊”“贵”，“统”解作“始”，是以“大一统”之义应释为“尊一始”，这是它最初的含义。先秦诸子大多有大一统的思想，认为人类社会中的大一统是符合天道的。在秦及以后两千多年的政治实践中，大一统包括了王道一统、治权一统、政令一统、文化一统、民族一统等等，用我们今天的话来简单概括就是国家民族的统一，在国家结构形式上实行单一制。国家民族统一是中华民族的优良传统，是中国悠久的历史和文化传承不辍、历久弥新的根本保障。

中国政治发端处，以“天下”为对象，所谓“天下”即人类全体，“平天下”的目标即以大一统为旨归。先秦虽有百家争鸣，但殊途同归，都认为由乱而治的路径就是走向大一统。儒家基于“天无二日，土无二王”（《礼记·坊记》）的认识，呼吁四海为一；法家也看到“道无双，故曰一”（《韩非子·扬权》），李斯明确提出“灭诸侯，成帝业，为天下一统”（《史记·李斯列传》）；道家更以自然为宗，主张“抱一为天下式”（《道德经·第二十二章》）；墨家提倡兼爱、尚同，主张“天子唯能壹同天下之义”（《墨子·尚同》）；《吕氏春秋·谨听》指出“乱莫大于无天子”。诸此不一而足，都反映了要求统一的迫切愿望。此外，中国的山川、湖泽、地势等方面的差异和连通，各地物产的殊宜和丰歉，以及区域性自然灾害的影响和应对等等，都需要一个强有力的中央政府来统一管理和协调，而强有力的中央政府的存在要以大一统的政体为前提和基础。从反面事实看，如果中央衰微，地方诸侯割据、各自为政，必然战争杀伐不断、社会动荡不安。如孟子描述战国时期的政治状况：“争地以战，杀人盈野；争城以战，杀人盈城。”（《孟子·离娄上》）公元前293年，秦将白起打败韩魏联军于伊阙，斩敌首24万。公元前279年，秦攻楚，“水溃城东北角，百姓随水流，死于城东者数十万，城东皆臭，因名其陂曰臭池”（《水经注·沔水》）。公元前260年，秦赵长平之战中，秦军坑杀40万赵兵，动员所有能动员的人力、物力、财力投入战争，民不聊生，饿殍遍野。

经历了礼崩乐坏、战争杀伐的春秋战国后，周朝共主与诸侯的封建模式被破坏了，再次实现统一的是秦王嬴政。秦始皇顺应了历史发展的趋势，一扫六合、统一天下，建立了中国历史上第一个统一的多民族的中央集权制国家。秦始皇建立的大一统政体相对于周朝的“封建的一统”，可称为“郡县的一统”，其具体措施包括：创建皇帝制度，设立三公九卿；地方上废除分封制，代以郡县制；实行书同文，车同轨，统一度量衡。其中，统一文字的意义更为深远。我们至今仍然可以读懂孔子时代的文字，无论是书籍还是话语体系，依然可以从古代文化典籍中汲取养分，这不能不说是获益于秦朝大一统的政治遗产。这一点，西方人也看得透彻：“如果没有秦的改革，可以想象，几种地区性的不同文字可能会长期存在下去。如果出现这种情况，不能设想中国的政治统一能够长期维持。在造成政治统一和文化统一的一切文化力量中，文字的一致性（与方言的多样性正好形成对比）几乎肯定是最有影响的因素。”[1] 可以说，秦王朝开创了全新的大一统时代，并由此奠定了此后中国社会两千余年政治制度的基本格局，即由“封建的一统”变为“郡县的一统”，对中国和世界历史产生了深远影响。钱穆先生赞道：能创建优良的政治制度来完成其大一统之局面，且能维持此大一统之局面历数千年之久而不败，直到今天，我们拥有这样一个广土众民的大国家，举世莫匹，这是中国历史之结晶，是中国历史之无上成绩[2]。

秦始皇建立大一统政体

无论是汉民族为主体的政权，还是少数民族入主中原，都把“六合同风，九州共贯”（《汉书·王吉传》）、“天下为一家”（《礼记·礼运》）作为治乱的基础和目标。在两千多年的历史发展中，中国政治虽然有分有合，但总体上说，统一是常态，分裂为变态，中国社会常于和平统一中得到进展，在分裂变乱中则见倒退。历代的仁人志士，为了维护国家的统一、民族的团结、人民的安定，精忠报国，矢志不渝，使我中华民族虽历经磨难，始终绵延长久，卓然屹立于世界民族之林。

二、大一统政治体制对中国政治的意义

大一统政体最核心的体现是中央集权，但中央集权不是中央集中所

---

① 崔瑞德，鲁惟一．剑桥中国秦汉史．北京：中国社会科学出版社，1992：54.

② 钱穆．中国历史研究法．北京：三联书店，2013：20.

有权力，地方没有独立性，也不是中央权力集中在君主一人手中，实行个人独裁。从制度安排的角度看，中央集权是一个庞大的制度系统，主要是指中央作为政权的唯一来源，在一系列体制内外的各种分权制衡中进行最终的权力控制，从而形成统一的政治认同，树立最高的政治权威[①]。第一，中央决策层的分权制衡。中央决策依据涉及内容实行分层决策。从决策机构与形式看，有御前会议、宰相会议、百官会议、内侍参与等，决策事项不同，参加人员的范围、官职大小也不同。中国自秦汉以来，中央最高首脑为皇帝，是国家的主权者与象征，“揽权不必亲细务”；而宰相作为政府首脑，负责实际的政务。其制度设置的理性主要体现在：皇帝世袭，为全国共同拥戴的首领，不能因负政治责任而轻易更换；而宰相有任期制，负实际行政责任，并因此而进退。在政治实践中，虽然皇帝与宰相之间的权限划分较为模糊，常常出现权力的交错与冲突，但正是这种权力之间的制衡关系，限制了一人决策的独裁政治。第二，双重双轨制的信息收集。正确决策，主要依赖于对信息及时、准确、全面的掌握了解。随着政治控制的分化和复杂化，官僚政治的信息需求也日益多样化，形成双重双轨制的信息收集渠道：一套是由皇帝—宰相—官僚组成的正式权力结构和政务系统的信息渠道，另一套是围绕着皇帝的近侍、内朝官、刺史、厂卫等隐性系统的信息渠道，两者既相互辅助，也相互监督，共同服务于中央决策系统。总之，根据决策目标，统治者总是积极“创制或扶植用以动员资源和贯彻政策的各种机构”[②]。第三，体制内强有力的纠错制度。有决策就可能有失误，甚至错误，传统政治体制充分认识到这一点，在体制内设置了纠错制度。针对皇帝的过失，设有拾遗、补阙、记注、经筵等官员，这些官员与皇帝最为接近，其职责是以规劝、提意见的方式预防或纠正皇帝的过失；还有一类重要的官职设在朝廷，专门执掌封驳、监察、弹劾的权力，负责纠察宰相和百官的失误。在中国古代政治中，没有西方式反对党活动，

① 齐惠. 中国政治的特质：对中央集权的一种诠释. 理论视野，2012（8）.

② 艾森斯塔德. 帝国的政治体系. 贵阳：贵州人民出版社，1992：31.

但纠错制度的存在确保了体制内能听到不同声音，特别是反对意见的制度化，对预防、减少决策失误起到关键作用。

另外，中央集权要由社会管理中的分权来实现。在中国传统社会中，政治统治一直保持着高度的中央集权，而社会管理却高度分散，社会管理主要由地方精英负责。第一，地方精英在社会管理中具有自主性。地方精英是指一种凭借非正式权力控制地方事务的力量集团。在地方上，很多有关公共福祉的事情，像赈灾、治水、修路、福利、教育等，政府不能或不便履行其职责时，就由当地的地方精英（士绅）来负责。甚至涉及政府主要职能的诉讼，也会因为士绅的介入由公堂转入民间。地方精英在社会事务管理中具有自主性，这一方面体现在士绅与家乡的关联是永久性的，他们有责任捍卫和促进本地区社会福利，这种责任感和归属感是异地为官的地方官吏所不具有的；另一方面，士绅绝不是一个孤立的势力，“一个县官并不怕得罪绅士，怕得罪的是支持在绅士后面的强有力的政府的官吏”[①]，士绅可以影响地方官的施政行为，而中央权威是二者博弈与共存最终的依凭。第二，地方精英在社会管理中具有政治整合能力。中国传统的治理结构是政权整合绅权、绅权整合民众。在传统乡村社会，士绅多是有声望并且有钱有势的人，是乡里政治、经济和文化的载体，比异地为官的地方官员与百姓更亲近。瞿同祖认为，中国士绅的一个重要特点是：“他们是唯一能合法地代表当地社群与官吏共商地方事务参与政治过程的集团，这一特权从未扩展到其他任何社群和组织。”[②] 第三，地方精英与地方官吏在社会管理中的冲突与合作。在传统社会，地方精英系统和官僚系统是社会管理的左膀右臂，缺一不可，二者既有冲突也有合作。冲突的一面表现为：官吏要控制士绅，防范他们影响和冲击政治统治；士绅则在一定程度上借助民众的力量，以民众的代表者自居，同官府博弈。合作的一面表现为：官吏依靠士绅来管理社会，用他们的社会力量来加强政治统治；士绅则依赖官府

① 吴晗，费孝通，等. 皇权与绅权. 上海：上海观察社，1947：126.

② 瞿同祖. 清代地方政府. 北京：法律出版社，2002：283.

来维护他们的地位，借用官府的政治力量来加强他们对民众的威慑力，并享有法律规定的特权。从一定意义上讲，士绅和地方官吏同属于一个集团，尽管有非正式权力和正式权力的差别，但他们的权力或影响力直接源于传统的政治秩序，与大一统的中央集权体制相辅相成。

大一统体现了中国政治的特质，无论是在观念上还是在体制上都与西方有绝大的不同。西方与中国东周大致同时期的是古希腊，它有许多各自为政的城邦，始终没有形成一个具有统一的中央政府的国家。后来建立大一统政府的是罗马帝国，时间相当于中国的汉代，但罗马帝国在公元 395 年分裂了，之后再也没有统一过。罗马帝国崩溃，欧洲进入了中古时期的“封建社会”，之后兴起了英、法、德、意等民族国家，没有再建立起一个统一的罗马帝国。而中国虽然汉代以后出现了分裂时期，但唐、宋、元、明、清等主体朝代国家都是统一的，直至今天，我们仍是一个统一的多民族国家。钱穆先生曾精辟地指出：中国政治是一个“一统”的政治，而西方政治则是“多统”的政治，确切地说，对中国历史来讲，政治一统是常态，多统是变态；西洋史上多统是常态，一统是异态。更进一步地讲，中国历史上在多统时期，还有它一种一统的精神；西方史上虽在一统时期，也还有它多统的本质①。梁启超先生在实地考察了欧洲各国后，进行了中西政治的比较研究，指出其中的差异性：“欧洲幅员，不当我半，而大小国数十。二千年来，统一运动虽间起，卒无成效。德法夹莱茵河而国，世为仇雠，糜烂其民而战，若草芥然。巴尔干区区半岛，不当我一大郡，而建国四五，无岁无战。我国则秦汉以降，以统一为常轨，而分裂为变态，虽曰干戈涂炭之苦所不免乎，然视彼固有间矣。”②

统一的大格局一直维持到今天，这在有些西方人眼中是难以理解的。白鲁恂（Lucian Pye）出生在山东，一生致力于中国研究，他有一句著名的话经常在西方文献中被引用：“中国是一种文明，却假装为一

① 钱穆．中国历史精神．北京：九州出版社，2011：23．

② 梁启超．先秦政治思想史．天津：天津古籍出版社，2004：187．

个民族国家。”（China is a civilization pretending to be a nation-state.）在他和其他一些西方学者看来，中国维持统一的局面是件很奇怪的事，似乎只有分裂才顺理成章。他们这样看的依据何在呢？白鲁恂说了两条。第一，现代民族国家的基础是民族主义，而中国统一的基础仅仅是文化而已。中国人认同的是相同的文化，而不是他们的民族国家。第二，现代民族国家的特征是高度组织化、制度化，而中国作为一种文明缺乏制度性的内聚力①。他看到了问题的一个方面，即文化之于中国统一和团结的重要性，但缺乏对中国古代政治制度的认知，所谓“缺乏制度性的内聚力”的观点值得商榷。事实上，中国大一统政体异常庞大复杂：广土众民、地域差别显著、民风民俗各异，其内部需要有无数个相互平衡与制约的制度。治理这样一个世界上独一无二的大国，并保持长治久安，无论是纵向的权力安排方式，还是横向的国家机关之间的关系，都必须有一套理性的制度来规范。

大一统的中国创造了灿烂的人类文明，它能最大限度地整合各种资源，在维护国家统一、社会稳定、发展经济、抵御外来侵略、组织水利工程、防止分裂割据、加强民族交流等方面起到积极的作用。我们不能否认中国大一统的独特性中所蕴含的优越性。“过去的 2 000 年里，有 1800 年中国在世界国内生产总值中所占的比例都要超过任何一个欧洲国家。直至 1820 年，中国国内生产总值占世界的比例仍大于 30%，超过了西欧、东欧和美国国内生产总值的总和。”②

三、中国共产党对大一统政治体制的继承与发展

近代以来，由于国内外错综复杂的原因，中国又陷入四分五裂的战争杀伐中，重新让中国真正统一起来的是中国共产党。中国的统一和发展必须有一个能够协调各方、代表最广大人民根本利益的政治核心，特别是，随着中国进入改革发展的关键时期，新旧矛盾交织，为避免社会

---

① PYE L. China: erratic state, frustrated society. Foreign affairs, 1990, 69 (4): 56-74.

② 安格斯·麦迪森. 世界经济千年统计：附录B 巴黎经济合作与发展组织. 北京：北京大学出版社，2009.

陷入困境，更需要一个能够得到全国各族人民、各个阶层普遍拥护和共同认可的政治领导核心来组织与领导，否则，政治发展就难以平稳进行，而且国外各种敌对势力的干预会导致大一统分崩离析、民族陷入灾难。提高中国共产党的领导能力、维护中央权威，是“大一统”政治传统发展到今天的时代主题。

中国共产党的领导、中央权威的维护有赖于相应制度体系的建立。在中国的政治发展道路中，根据自己的基本国情，已经形成了一个基本原则和四大制度：以坚持党的领导、人民当家作主、依法治国的有机统一为基本原则；以人民代表大会制度、中国共产党领导的多党合作和政治协商制度、民族区域自治制度和基层群众自治制度为主要制度保障的现代政治制度。中国提出党的领导、人民当家作主和依法治国的有机统一，把党的领导融入民主法制建设之中，明确了社会主义政治的发展方向。

第一，人民代表大会制度作为我国的根本政治制度，动员和组织人民作为主人翁投身国家建设，维护国家的统一和民族的团结。我国的人民代表大会制度与西方的议会制度有很大不同。从权力上看，我国的人民代表大会是国家权力机关，体现国家一切权力属于人民，而西方的议会主要是立法机构；从代表上看，我们的人民代表是人民群众中的优秀分子，西方的议员是职业政客；此外，我国的人民代表大会制度坚持以民主集中制为根本组织原则和活动方式。

第二，中国共产党领导的多党合作和政治协商制度，契合大一统政治对领导者一元化的必然要求，同时也顺应了政党政治发展的潮流。中国共产党领导的多党合作和政治协商制度，既是社会主义基本政治制度之一，也是中国特色的社会主义政党制度。中国共产党领导的多党合作和政治协商制度不同于苏联和东欧的一党制，也不同于西方的两党和多党制度，具有“共产党领导、多党合作，共产党执政、多党参政”的基本特征，适应了中国大一统政治这一根本的国情，实现了统一领导与广泛民主、富有效率与充满活力的有机统一，是中国共产党在政治实践中的创造。

第三，民族区域自治制度有力地实现了单一制的国家形式，既维护了国家的统一，又体现了民族民主自治。民族区域自治制度作为一项基本政治制度，是根据我国历史发展、文化特点、民族关系和民族分布等具体情况做出的制度安排，它既维护了国家的统一，又在少数民族聚集地方实行自治，有效地处理了民族关系，符合中国的实际。

第四，基层群众自治制度，体现民主的广泛性和真实性，同时也体现出大国治理的经验。基层群众自治制度是指广大群众依法直接行使民主权利，管理基层公共事务和公益事业的制度，一方面充分体现了国家保障城乡基层广大人民的直接民主权利，另一方面也体现了大一统国家的管理智慧。西方国家也在基层社会发展民主，如社群民主等，但没有将基层民主制度化。

不少西方政治学者断言，中国的政治制度和政党体制天生缺乏自我纠错能力，因此很难持久。但历史实践却证明这一断言过于自负。现实证明，中国的政治体制具有与时俱进的能力，中国共产党已经连续执政近 70 年，其政策调整的幅度超过有史以来任何国家，并且取得了巨大成就，其中一个重要原因是这套政治体制与大一统政治格局相匹配。中国特色的社会主义政治发展道路具有中国历史的延续性，因此，与体制相配套的一系列制度的制定和运作具有适应性和体制内纠错的能力，维护了国家的统一、政治的稳定、社会的发展。

第 2 节　政治运作：选贤任能的官治和治官

中国传统政治中，选贤任能的官治和治官是政治的首要问题，它主要通过伦理道德建设和法律制度建设相结合来运行。要言之，中国古代选贤任能的官治和治官以儒家伦理学说的民本、忠君、克己等核心价值观念为指导，形成考试、选拔、考核、监察、奖惩等一整套官吏管理制度，以确保官吏具备德、能、勤、廉四大主德，在传统政治中起到了较好地抑制君主权力滥用、克服官僚制的弊端、缓和国家与民众之间矛盾的作用。选贤任能的官治和治官的理论和实践在不同朝代有不同的体现。凡是能比较完好地贯彻选贤任能思想和制度的王朝，大多能确保社会有序、经济繁荣、政权稳固；而官制松懈、官德败坏的王朝必然导致社会动乱、政权崩溃。

一、依靠官员治理是中国传统政治有效运作的基础

大一统中央集权的政治体制得以运行的前提和基础是将全国政务交付给大小官吏。随着秦汉统一国家的建立，在治理方式上，改变了三代时期的分封和宗法制模式而开启了三公九卿的官僚制。“依靠官员治理”是中国传统政治发展的独特性之所在。其一，“皇室”与“政府”相分离。皇位世袭，以此来确保政治统治的稳定性，而政府的最高执掌者宰相及其百官集团则不能世袭，采取选贤任能的方式，并有任期限制。其二，皇位世袭导致皇帝不一定贤，要靠选贤任能的宰相及百官集团来弥补这一不足。为了维系皇权的万世一统、江山永固，需要以宰相为首的大小官吏群体的“忠诚”与“才智”为有力支撑，否则，政权无法持久。其三，“选贤任能”而不是“亲贵合一”的任官标准让“民众”与“政府”逐步接近。从实践来看，随着国家疆域的不断扩大、社会文化的不断普及，政权也不断向民众开放，入仕为官也逐步成为一套公开客观的制度，尤其是隋唐科举制度的建立将这一制度法制化。从积极意义上讲，越是从社会不同阶层选拔贤能之人为官，越能扩大皇权的执政基础和增强政治权威性；从消极意义上讲，对皇位继承构成最大威胁的不是民众而恰恰是权贵宗亲阶层，只有来自民间的被选拔任用起来的官员才是政权最可依靠的力量。所以，对于政权来说，实现长治久安最根本的措施是在全国范围内选拔“贤”和“能”，而非在功勋贵戚的小圈子任用“亲”或“贵”。由于中国传统政治中重视“依靠官员治理”的理念，“选贤任能”的价值取向和相应的官制法令都比较发达完善，所以在很大程度上平抑了皇权政治中的皇帝任性对国家政治治理的破坏，在较长的时段上保持了社会经济、政治的稳定发展。

追本溯源，“官”最初的寓意与“公”相通，大致有四层含义：其一，管理公众之事，“官者，管也”。其二，办理公共事务的地方，“官

舍曰官”（《字汇》），“官谓朝廷治事处也”（《礼记正义・玉藻》），如官府、官衙。其三，以公天下为宗旨、任用贤能的人，“天下官，则让贤是也；天下家，则世继是也。故五帝以天下为官，三王以天下为家”（《说苑・至公》），“五帝官天下，三王家天下，家以传子，官以传贤”（《汉书・盖宽饶传》）。其四，君主政治中设置的公职人员，“官，吏事君也”（《说文解字》），“官分文武，惟王之二术”（《尉缭子・原官》）。根据吕思勉的考证，在古代“官之者任以事，是为士，爵之禄之则命为大夫也”，“官”在古代是指那些处理公共事务的“士”，地位不高，但获得了爵位和俸禄之后，就成为大夫，有了尊贵的地位①。从上述对史料的分析中可以看出，在价值层面上，“官”是一个褒义词，“公天下”是其追求的最高理想。

古代选贤任能

在中国政治史的发展中，官本位就是将“官”在政治体系中置于“本”的位置，将“公天下”理念融入政治实践中。官本位包含“依靠官员治理”和“治理好官员”两层含义，这是中国政治的特质所在。公

① 吕思勉．中国制度史．上海：上海教育出版社，1985：652．

元前221年，秦始皇建立大一统的国家，由世卿世禄制过渡到官僚制，官本位的问题就凸显出来，所谓“为治之道，在于用人。用人之道，在于任官”①。

依靠官员治理，不仅是客观现实的需要，也是古代圣贤思想、官箴文化作用于多数人心的结果。孔子在不同情境下有针对性地清晰揭示了为政者的“德行”与“政治”的关系：“政者，正也。子帅以正，孰敢不正”（《论语·颜渊》），“其身正，不令而行；其身不正，虽令不从”（《论语·子路》），“为政以德，譬如北辰，居其所而众星共之”（《论语·为政》）。孟子指出，“贤者在位，能者在职”，“尊贤使能，俊杰在位”（《孟子·公孙丑上》）。荀子也说，“公生明，偏生暗”（《荀子·不苟》）。正直、贤能、明断等是“做官”的标准，而这些标准的最高价值追求则是：以民为本。《尚书·大禹谟》早就指出“德惟善政，政在养民”，要求各级官吏以德立身并推行善政，即养护百姓而不是残害民众。从政治学角度看，这种基于被认可的服从义务而不是任何形式的强迫和操纵而产生的权威，是中国传统政治合理性的依凭，这意味着“权威应当被遵从”要比“权威被遵从了”更重要。可见，在传统政治思想中，“官”不仅是管理者，还是以身作则的表率者，官的责任和使命不仅在于提供公共服务、管理社会，还在于引导和教育全体民众形成健全的人格、建立健全的社会。《睡虎地秦墓竹简·为吏之道》是现存最为完整的官箴，它明确指出了为官所必需的正直、无私、慎重、不骄不躁、赏罚得当、恭敬多让等品质和能力。汉唐以后官箴文化在继承的基础上走向成熟，其核心在于教育、告诫和警示人们如何为官才是正确的，才能善始善终，并指出为官者的修养与国家政治和人民福祉的密切关系。儒家坚信道德和政治是密不可分的，从政治实践的经验教训中产生的圣贤思想和官箴文化内化于心、外化于行，成为规范行政行为的指导原则，并不断被制度化。

然而，现实政治往往很复杂，官本位有正面的思想与制度构建，也

---

① 丘濬．大学衍义补：卷五：正百官·总论任官之道．北京：京华出版社，1999：40.

有反面的观念和行为表现。中国古籍中很早就有“国家之败，由官邪也”（《左传·桓公二年》）的记载，“依靠官员治理”本来是为了解决问题，但有时“官”却成为问题的最大制造者。王亚南先生曾这样评价古代士人与官场的关系：“我们有理由说由于儒家的伦理政治学说教了我们一套修齐治平的道理；我们还有理由说是由于实行科举制而鼓励我们‘以学干禄’，热衷于仕途；但更基本的理由，却是长期的官僚政治给予了做官的人、准备做官的人，乃至从官场退出的人，以种种社会经济的实利，或种种虽无明文确定，但却十分实在的特权。那些实利或特权，从消极意义上说，是保护财产，而从积极意义上说，则是增大财产。”① 一旦“为公”的权力变成“为私”的工具，贪污腐败、官僚作风、裙带关系等等弊端就显露无遗，“官”最初的内涵就会被异化扭曲。换句话说，在政治实践中，“为公”与“为私”是“官本位”的一体两面。如何在政治理念上加强“为公”的宣传教育并从政治行为的角度用制度和法律进行约束和防范“公为私用”，就成为政治的关键问题。

二、治官是中国传统政治兴衰存废的关键

“依靠官员治理”是客观存在，而官的行为又与政治治乱密切相关，历代执政者在重视培养和教育官员增强道德修养的同时，丝毫不放松各种制度法令的外在规范，甚至有的朝代随时势的需要而采取“重典治吏”的各种措施以期澄清吏治，因此，当官并不是一件容易的事。大致说来，中国传统官治以儒家伦理学说的民本、忠君、克己等主体价值观念为指导，形成对官员的选用、考核、奖惩、监察、退休等一整套制度，以确保官吏具备德、能、勤、廉四大主德，用整套的、协调推进并动态平衡的各项制度法令管理官员是“官本位”的主要内容。

（1）选拔任用制度。中国历代政治十分强调慎重对待官爵名位，不可轻授，这是关系到政权结构和素质的大问题。从先秦的乡里举荐制到汉代的察举制，再到魏晋南北朝的九品中正制，直至隋唐的科举制度，

① 王亚南．中国官僚政治研究．长沙：湖南人民出版社，1981：112．

官僚政治一步步走向成熟。虽然科举取士有诸多弊端，但它发挥的积极功效不容忽视：通过相对公开、公正的竞争性考试制度，在政府和社会之间打通一条官民流动渠道，下情上达并非无路。同时，让民众特别是社会底层的寒士通过学习和考试的渠道参与政治，促进社会等级流动，减少了人们对特权的仇恨，从而维护了政权的持久稳定。根据何炳棣的统计，在1377—1904年获取进士的人中42%来自下层社会①。科举制度发挥的功效还在于，不仅实现了选贤任能，而且较为有效地实现了社会整合以及主流意识形态的传播。“一个个儒生由生员成长为举人再升格为进士的过程实际上浓缩着由乡村—县治—府署—省会—京师的信息流。”② 中国官制与大一统的中央集权的政治体制互为表里，这或许正是中国传统政治自秦以降，能够绵延两千多年并卓然屹立的关键原因。不仅如此，中国数千年不断发展成熟的官制在世界上是独一无二的，对西方，乃至世界都产生过积极的影响，有确切证据表明文官公开考试的制度是西方国家在19世纪有意识从中国学的③。在以科举考试为主的官吏选拔方式之外，其他制度如荐举、学校、军功、胥吏、捐纳等也都随时势的需要作为有益的补充，为的是不拘一格地发现并使用人才。取得了做官的资格之后要进行授官分职的任用。从任用的种类上讲有候补、试用、拜受、兼领、参知等，并按照不同的职务、级别给予相应的待遇。从任用方法来看，不同级别、性质的官员采取不同的任用方式，通常是级别越高、权位越重的官员越需要通过集体商议的方式来选任，对于一些格外受到重视的官职如监察官、教职官、地方主官和边疆大吏都要采用更为特殊和严格的任用方式。从任用限制来看，出身、资历、民族等都是任用时考虑的限制因素，东汉实行“三互法”以来，历代不断完善回避制度，如回避籍贯、亲属、师生、同乡等，目的是防止建立官官相护、联络有亲的关系网以权谋私。

---

① 郭剑鸣．晚清绅士与公共危机治理——以知识权力化治理机制为路径．北京：光明日报出版社，2008：188.

② 同①19.

③ 邓思玉．中国对西方考试制度的影响．哈佛学报：亚洲研究，1943（7）：267.

（2）考核奖惩制度。东汉班固提出："论材选士，必试于职，明度量以程能，考功实以定德。"（《汉书·谷永杜邺传》）任用之后要对大小官员工作中的绩效进行考核，并通过考核政绩来决定升迁罢黜等。从考核的期限来看，各个朝代的规定不尽相同，一般与任期时间相一致，明清实行"三年一考，九年考满"的京察、大计制度，因为期限固定、程序严格、处罚严厉，形成了威震整个官僚群体的周期性过关考试机制。在考核中被罢黜的官员很难再被起复，士大夫往往"以挂察典为终身之玷"。从考核的内容和标准来看，将各级政务官的考核和专门业务官的考核进行区分，考核的内容根据不同的职事制定不同的标准，但有一项标准是共同的即对德行的考核，如明清把"清、勤、慎"作为为官者基本的职业操守。从考核结果的运用上看，考核与奖惩制度密切结合，有功必赏、有过必罚。历代法典对官员犯法的处罚是十分严格的，如对贪赃枉法者严重的要处以极刑，同时还会伴有抄家、罚没家私、追缴赃款、家属充军等附加刑，情节轻微的在行政上也要给予降罚、革职、永不叙用乃至子孙不得为官等处罚。从确保考核公正性上看，在考核的过程中有监察官参与而且在考核结束之后，还有科道官进行"拾遗"，即对考核过程中徇私舞弊的考官和被考核者进行弹劾，任何官吏只要在监察过程中被纠察出来，就会受到处分，皇帝也不能干涉。明代意大利传教士利玛窦在中国传教时观察到并记录下来明代考核外官的情形："我自己亲眼看到，即使皇上也不敢更改这次公开调查的审查官们所作的决定。受到惩罚的人绝不是少数或低级官。在 1607 年举行的那次普查（对外官的考核）之后，我们看到对四千名官员作出了判决；我说'看到'，是因为所涉及的名单刊为单行本发行全国。"①

（3）监察制度。从先秦时起，我国就建立了针对各级文武官员和功勋贵戚的违法犯罪行为的监察制度，在历代的不断发展中逐步形成一套由上而下、纵横交错的监察体系。凡涉及用权处必有监督，采用了诸如牵制监督、检查簿册、遣吏巡行、密查侦缉、举劾案章等多种制度措

① 利玛窦，金尼阁．利玛窦中国札记．北京：中华书局，1983：60-61．

古代科举制度

施，在一定程度上起到了澄清吏治、惩前毖后的作用。监察制度之所以能发挥有效作用，是因为遵循利益相异同时又职务相连的“牵制关系”，主要表现出以下几个特点：第一，监察权相对独立，监察官只对最高执政者君主负责，实行垂直领导。御史有充分独立的监察权，纠察不受行政的干扰和掣肘。第二，监察官权重位卑，不畏权贵，敢于行权。历代监察系统中，对监察官的品级的设置都十分微妙，一方面给监察官崇高的政治、法律地位，使之具有震慑百官的权威；但另一方面监察官的品级都很低，唐代监察御史的品秩为正八品下，宋明时期也仅为七品。清代学者顾炎武评论这种“权重位卑”的制度时说，这起到了一种大小相制、内外相维的作用。第三，监察机构系统化、组织化，监察活动依法而行。唐代的监察机制的设置较为完善，御史台下设三院——台院、殿院、察院，分工细致、职责明确。为了规范监察活动，历代都制定了不同类型的监察法规，如汉代的“刺史六条问事”、宋代的监司互监法、明代的《宪纲条例》、清代的《钦定台规》等，保证了御史依法行使职权，纠察有据、弹劾依法。这套属于中国独创的监察纠劾制度也让外国人叹为观止："御史是富有效率的监察官，其职责在于揭示出所有潜在的异议。"①

三、当代中国共产党对选贤任能政治传统的继承与发展

不少西方人认为多党竞争和普选是政治合法性的唯一来源。事实上，治理中国这样一个有独特的文化传统、独特的历史命运、独特的基本国情的世界性大国，是否有一套选贤任能的干部人事制度体系，特别是有效的权力监督和制约机制，才是政治兴衰的关键。

第一，中国共产党的领导和体制内选贤任能有利于避免整体性的政策短视。我国是一个有 13 亿多人口、幅员 960 万平方公里的超大规模国家，地区自然环境差异、发展差距、文化差异巨大，且又是由 56 个民族组成的多民族国家，如何将超大规模、超复杂结构的国家整合成一个整体并建立良好的秩序，是中国政治的首要问题。政治发展需要稳定，没有稳定谈不上发展，而对于中国来说，政治稳定的根本保障是坚持中国共产党的领导。西方自由主义的民主政治所极力宣扬的各党派在权力更替时，以竞争方式夺取权力，会导致一系列后果：两党或多党扯皮攻击、互相诋毁，无所不用其极；为赢得选票，轻易许诺，消极迎合选民短期或局部利益；金钱开路，供有钱人游戏，财团的支持成为获胜的关键；等等。显然，这些都不适合具有超大规模和超复杂结构的中国的政治。大国政治决策，关系到一个政治共同体的长远利益和整体利益，需要统筹兼顾，需要谋远之心，需要有历练的政治领袖而不是巧言的政客。梁漱溟先生曾深刻地指出中国政治的特殊性：局面太大了，领袖不易得人。可以为小局面领袖者，在大局面中未必行。即令其人本质上能行，而机缘会合资望养成亦倍需时间，大非易事。且人多则问题多，局面大则问题大。一处有问题，全局受影响；中枢不就绪，各处难进行。在中国政治中，从古代到现代，都极为重视培养政治领袖，并积累了丰富的经验，所谓"宰相必起于州部，猛将必发于卒伍"。在此基

---

① 安东尼·吉登斯. 民族-国家与暴力. 北京：三联书店，1998：97.

础上，中国的选任制度有利于避免整体性的政策短视，这也是中国政治的优势所在。

第二，中国选贤任能竞争之激烈程度，罕有其匹。中国共产党的最高领导机构中央政治局、中国共产党最高权力机关中央委员会的成员绝大多数是靠自身努力和激烈竞争获得晋升的。与其他发达国家和发展中国家统治精英的出身相比，中国共产党内部平民出身的干部享有广阔的晋升空间，但竞争十分激烈。“在基层表现优秀的佼佼者可以晋升为副局和正局级干部，进入高级干部行列。这一级别的干部，有可能领导数百万人口的城区，也有可能管理年营业收入数亿美元的企业。从统计数据就可以看出选拔局级干部的竞争有多激烈，2012 年，中国科级与副科级干部约为 90 万人，处级与副处级干部约为 60 万人，而局级与副局级干部仅为 4 万人。”① 中国共产党如何保证选贤任能？关键之一是有一套强有力的组织机构，如中央最高层面的中央政治局、中央组织部、中央纪委等，对此，西方学者很少去研究其具有的选贤任能和管理干部的效力。事实上，中国的官僚体系有千年的历史，今天中国共产党的一些部门创造性地继承了这一独特的历史遗产，并发展成现代化的制度以培养、录用和管理当代中国的政治精英。中国选贤任能的政治传统也曾让西方受益，西方国家的文官公开考试制度即源于中国。

第三，全心全意为人民服务是党的宗旨。为人民服务是毛泽东思想的核心和灵魂，是中国共产党的立党宗旨，具有民心认同的合理性基础。对于中国政治而言，中国共产党一以贯之地坚持全心全意为人民服务的宗旨有特别重要的意义。让官僚政治具有人民性也许是现代文明中最重要的一个问题，这需要一种仁爱的精神。“所谓仁爱就是自愿地以同情和体谅的态度对待普通老百姓，并保证一切资材都用于这一目标而没有任何浪费。这种仁爱精神就是世界的和平希望所系。”② 这不仅对中国政治体制的有效运作至关重要，也是世界范围内的政治被称为“善

---

① 李世默. 中国崛起与西方“元叙事”的终结.（2013－06－21）. http://news.xinhuanet.com/cankao/2013-06/21/c_132473480.htm.

② 李约瑟. 四海之内：东方和西方的对话. 北京：三联书店，1987：17.

政”的关键。善政是中国历代政治的价值追求，而其着眼点和关键处都指向了吏治，这是立足于大一统政治的政治战略，目的在于体制内的自我净化，增强民众对执政者的政治信任。当下中央政治局带头开展的“从严治党”的一系列实践活动和制度建设，从一定意义上讲是对全心全意为人民服务的宗旨在新形势下的集体践行，重点也在澄清吏治，这样的政治战略和政治勇气是以机会主义上台的西方政党所无法想象，也无力作为的。

可以说，治理大国，解决中国问题的关键，绝不能模仿西方进行多党竞争的选举，那样只会将中国政治引向邪路。中国政治的着眼点，是要做好对历史的继承与创新，两千多年选贤任能的政治传统，是我国政治体制的历史基础，也是政治发展影响力最大的变量。完善中国当下政治体制的关键在于，进一步深化选贤任能的干部制度体系改革，用好的机制选人，选最好的人，把那些真正忠诚于党和人民，德才兼备，有责任、有担当的干部选任到党和国家的关键岗位，同时加强对权力的监督和制约，为实现中华民族伟大复兴奠定组织和人事基础，这是中国政治建设的关键问题。

第 3 节　政治社会化：核心价值观的形成

为了保证大一统，维持政权稳固，保障社会长治久安，文化系统的凝聚力至关重要。在大一统的政治体制中，只有具有共同的思想基础，才能具有最大的统摄力和凝聚力，制度法律才能有效运作。

一、以儒家思想为主旨的核心价值观的确立

秦始皇建立大一统的政权后，李斯提出政治思想一元化，“别黑白而定一尊”（《史记·秦始皇本纪》）。汉朝统一后，随着大一统的政治体制的不断完善，是否有统一的政治思想，与政权能否持久密切相关。大儒董仲舒清楚地看到这一点，在回答汉武帝策问时提出政治思想独尊的

主张，认为这是实现大一统国家长治久安的关键，于是“罢黜百家，独尊儒术”，儒家思想被定为一尊。儒家思想成为正统的政治思想，被历代统治者所遵奉，不仅因为其学说本身的内涵符合治理大国的要求，还因为其实现政治思想一统的方式顺应了政治发展的趋势。汉代儒家被定为一尊与秦朝独任法制不同：董仲舒所主张的“罢黜百家”，不是实行全面思想专制，对其他各家各派思想言论赶尽杀绝，而是“皆绝其道，勿使并进”，如此，“邪辟之说灭息，然后统纪可一而法度可明，民知所从矣”（《汉书·董仲舒传》）。韦政通先生认为，儒家思想的制度化始于董仲舒建议汉武帝独尊儒术：“在中国历史上……是董仲舒，由于他，才使儒家的部分思想，终能转化为现实的制度，并取得历史上的正统地位。当然，这不是他一人之功，而是经过许多儒者的努力与挣扎。”①

自汉武帝“罢黜百家，独尊儒术”以后，儒家《诗》《书》《礼》《易》《春秋》五经被钦定为法定的国家经典教材，其正确性和权威性已无可怀疑，儒学从私学变成了官学。由于儒家思想成为国家意识形态和官学的核心内容，所以至西汉元帝时，从皇帝到臣下，受的都是儒家的教育，使汉代的政治思想儒家化。至王莽时代，儒家思想更加具有推行的广度和力度。

需要指出的是，虽然在政治文化层面，儒家思想被定为一尊，但这并不妨碍与之相契合同时也存在张力的民间思想和文化的多元化。随着汉代末年佛教进入，加上本土的道家文化，儒释道三者并存，共同扎下了中国人文化精神的根脉。

二、以儒家思想为主旨的核心价值观教育

儒家教育的本质在教人做人，其政治以教育为基础，又以教育为目的。儒家认为好的政治必然建立在好的民众的基础上，不经教育，无政治可言。儒家政论的根本精神在于养成国民性格。

---

① 韦政通．中国思想史：上册．上海：上海书店出版社，2003：311.

在传统社会，通过建立官学、私塾、民间书院等等，儒家的思想得以传承和发展，同时还培养了一大批儒家观念的实践者，而儒士是政府官员的最主要来源，他们的影响遍及政府和社会。特别是历朝历代不断发展的选官制度，在教育与政治之间建立了制度化的联系，科举制度最为有效地实现了这一点。儒家王道政治的理想状态是儒家建立道统，儒家的学统培养儒士，儒士入朝做官，辅佐君主代表的政统，就这样道统、学统、政统实现了统一，实质价值与形式价值处于一致状态。通过政治、社会、经济、教育种种制度的建立，儒学已一步步进入了百姓的日常生活的每一角落。上至朝廷的礼仪典章、国家的组织与法律、社会礼俗，下至族规家法、个人的行为规范，凡此自上而下的一切建制之中都贯注了儒家的原则，正是由于建制化的发展，儒家才成为中国文化中的主流[①]。

深入人心的教育与重视民意表达并重。“什么是保持中华帝国完整的力量?”“什么是在那个地方把广大不调和的领地结合于一体的纽带呢?”芮玛丽在深入研究了清朝同治中兴的历程后，这样回答这个问题：“礼的观念”“规定每一位个人和每一个集团的权利和义务”[②]。靠教育引导来落实的权利和义务规范，能让社会成员所受到的各种压抑得到自然的宣泄，把社会矛盾消弭在激化之前，这是最省力也是最有长效的统治方式。当然，这种教化不是单向度的，需要畅通民意表达渠道。西周的邵穆公就曾说“防民之口，甚于防川”，主张给民众一定的途径，让民众表达意见甚至是发泄不满，这样执政者就可以从中知道政治得失，及时调整政策。各代都设有到民间收集民情的官员，也设置了一些机构提供表达渠道，例如，在西周设有“行人”“小司寇”，唐代设置观风使、采风使，他们一方面收集民情民意，以此作为制定和调整政策的依据；另一方面还可把淳朴、优良的民风民俗加以推广。“一种观念的制度化首先是观念本身必须具有统摄人心、关照现实的力量，而不可能仅仅通

---

① 余英时. 现代儒学论. 上海：上海人民出版社，1998：230.

② 芮玛丽. 同治中兴：中国保守主义的最后抵抗. 北京：中国社会科学出版社，2002：77.

过权力强制来达成。儒家的制度化就是儒家内在的超越性的力量和其建立在对中国人的人性的了解基础上的秩序感结合的产物。”① 儒家思想被制度化，在制度化后发挥了积极功效——保证了传统政治的稳定和持续发展，都与观念本身具有的统摄人心、关照现实的力量是密切相关的。

三、当代中国共产党对传统政治文化的继承和发展

社会主义核心价值观是当代中国精神的集中体现，凝结着全体人民共同的价值追求。

第一，社会主义核心价值观的培育和践行事关大一统政体的民心认同。政治信任是外生的，是形成于政治领域之外的。在大一统的政治体制中，推动经济的发展具有天然的优势，就效率、管辖权以及开展大型公共工程的能力而言，中国的政府机构无可匹敌，但问题是，经济的发展是否必然产生民心的认同，历史的经验教训是：不必然。民心认同需要情感上的感召、一种统摄人心的力量的渗透，需要用情、理、法相交融的方式构建一个共同的思想基础，用今天的语言讲，就是需要搞好物质文明建设和精神文明建设。幸运的是，我们治理大一统国家的历史传统中有很多合情、合理、合法的经验方法可以学习，“中华优秀传统文化是中华民族的突出优势，是我们最深厚的文化软实力”②。至关紧要处在于，共同思想基础的形成，有利于我们了解历史传统，认识当代中国，看清外部世界，这是中国大一统政治长治久安固本之方。

第二，培育与主流价值观同质化的社会精英。社会精英应该是能超越个人利害、具有道德自律并与社会沟通而不是与之隔离、有责任感并服务社会的人。在中国传统政治中，官员、知识分子、教师这三类人是精英的代表，通过学校教育和科举考试，实现了他们对主流价值观的认同与践行。当代中国，党员、干部、知识分子等都承担着十分重要的社会责任和历史使命。我们党有一套教育培训系统，如党校、干部学院、

---

① 干春松. 制度化儒家及其解体. 北京：中国人民大学出版社，2003：6.

② 习近平在全国宣传思想工作会议上的讲话.（2013-08-19）. http://www.xinhuanet.com/politics/szxzt/qgxcsxgzhy/index.htm.

社会科学院、高校、理论学习中心组等，在培养精英的教育中起到了积极作用，这是西方国家靠机会主义上台的政党体制所难以企及的。问题在于同质化社会精英的共同思想基础是否具有观念本身必须具有的统摄人心、关照现实的力量。这一点，我们可以从传统政治中寻找治理智慧，“儒家的制度化就是儒家内在的超越性的力量和其建立在对中国人的人性的了解基础上的秩序感结合的产物”①。中华民族创造了源远流长的中华文化，中华民族也一定能够创造出中华文化新的辉煌。

第三，深入人心的教育与畅通民意表达渠道双向互动。大一统的建立和强盛立足于这样一种理念：一切好的政治都建立在好的民众的基础上，而好的民众的产生依赖于好的教育，教育是最大的政治。教育引导能力是指把政教风化、教育感化、环境影响等有形和无形的手段综合运用起来，既向人们正面灌输道理，又结合日常活动使人们在不知不觉中达事明理、潜移默化，形成上下一致的价值观和信仰体系，养成良好的道德风俗和行为习惯。养民和平之气是大一统政治存续的文化保障。晚清精通 9 种语言、获得 13 个博士学位的辜鸿铭认为，在中国，存在一笔无法估价的、迄今为止毋庸置疑的巨大的文明财富。这笔财富，就是真正的中国人。原因是真正的中国人拥有一种良民宗教。“良民宗教教导人们，爱的法则就是要爱你的父母。……正义的法则就是要真实、可信、忠诚。这种良民宗教的最高责任，就是忠诚之责任（duty of loyalty），忠诚，不仅表现在行事上，而且蕴藏于内心。”② 在当代中国的政治发展中，也始终坚持把教育放在优先发展的战略地位。此外，畅通民情民意表达渠道也是大一统政治和谐稳定的题中应有之义。除了四大制度所建立的制度化的民意表达渠道外，随着信息化时代的到来，网络等新媒体的民意表达功能日渐加强。近些年在“两会”期间，一些电视台和网络媒体开辟了与代表委员直接对话的专栏专版，很多网民通过网络留言的方式给“两会”建言献策。在中国，网络媒体已经成为传递

---

① 干春松. 制度化儒家及其解体. 北京：中国人民大学出版社，2003：6.

② 辜鸿铭. 中国人的精神. 海口：海南出版社，2007：31.

表达民情民意的重要渠道。

“独特的文化传统，独特的历史命运，独特的基本国情，注定了我们必然要走适合自己特点的发展道路。”[①] 中国绵延数千年传承不辍的政治传统是中国政治发展最根本的国情，对它的继承和发展也是中国共产党执政的最深层的合法性依凭。实践证明，我们走了一条承载着独特的文化传统、独特的历史命运、独特的基本国情的发展道路。中国需要警惕的是，面对经济下行的压力、社会发展矛盾凸显以及全面从严治党对利益的深层触动，部分学界和政界“精英”会趁利益分化、思想多元之机，鼓动引入西方多党竞争、三权分立等来回避矛盾和逃避责任，这只会导致中国政治社会动荡不安甚至陷入冲突乃至分裂。因此，我们应当理性把握中国道路的历史背景、历史延续性以及制度和文化所体现出的继承性和创造性，在此基础上，进一步增强其协调与达成共识的能力。此外，改革者要有历史感，要知道手中的制度意义何在，否则，不经意间改动最不能改动的关键环节会使制度残废，从而带来灾难。

---

① 习近平在全国宣传思想工作会议上的讲话.（2013-08-19）. http://www.xinhuanet.com/politics/szxzt/qgxcsxgzhy/index.htm.

What can China's Road Contribute to the World

WHAT CAN CHINA'S ROAD CONTRIBUTE TO THE WORLD

第 2 章

中国道路的理论阐释

2 中国道路的理论阐释

什么是中国道路？中国道路就是以坚持和发展中国特色社会主义为主题、实现国家治理现代化为途径，以实现中华民族伟大复兴、为人类对更好社会制度的探索提供中国方案为目标和方向而形成并不断深化的一条道路。那么，这条道路是怎样形成的？其主要内容是什么？怎样深刻理解这条道路？理解和回答这些问题，是认识中国道路的基本任务。

第1节　中国道路的历史生成

一、中国共产党为什么能够深刻改变近代以来的中国？

在庆祝中国共产党成立95周年大会上的讲话中，习近平总书记强调："中国产生了共产党，这是开天辟地的大事变。这一开天辟地的大事变，深刻改变了近代以后中华民族发展的方向和进程，深刻改变了中国人民和中华民族的前途和命运，深刻改变了世界发展的趋势和格局。"这个论断是非常精准、到位的。中国共产党使得一个历史悠久的中华民族、一个落后的发展中国家，第一次以自主姿态实现了民族独立和国家富强，并朝着现代化不断迈进。这种作用不仅在中国近代史上前所未有，就是在世界近代史上也是从来没有过的。

回顾历史，把目光放到20世纪初的中国，各种学说、各种党派、各种势力都试图为救国救民开出自己的"药方"，那么，哪个党派能胜出呢？这主要得看这个党派是否具备理论的科学性、道路的正确性、组织的严密性这三个特征。从这个视角来看，中国共产党同时具备这三种特征。

理论的科学性。中国共产党把马克思列宁主义作为自己的理论旗帜，这有其内在而又深刻的必然性。马克思主义揭示了人类社会从资本主义社会向社会主义社会和共产主义社会发展的一般规律，提出了“无产阶级是资本主义社会的掘墓人”这一深刻命题，为无产阶级及其政党反抗资本主义、建立社会主义提供了思想指导。因此在一定意义上，马克思主义是“弱者的武器”。它为弱者对抗强者、被统治者反抗统治者提供了强大的思想武器，这也就是其能救民的原因之所在。同时，它还为弱国对抗强国、被压迫民族对抗强权国家提供了强大的思想武器，这也就是其能救国的原因之所在。所以说，马克思主义体现了真理性与道义性的结合，是一个科学的理论。

道路的正确性。在革命年代，中国共产党经过一段时间的摸索，终于找到一条正确的道路——农村包围城市、武装夺取政权。原有的马克思主义理论比较推崇以城市为中心、发展工人运动的道路，而中国共产党根据当时的国情，选择了一条具有中国特色的革命道路。在建设年代，中国共产党采取了具有中国特色的“赶超战略”，计划经济为其提供了强大的体制机制基础和道路基础。在改革年代，中国共产党与时俱进，根据时代特征与实际需要，及时开创了一条中国特色社会主义道路。可见，正是由于不断结合新的实际情况寻求正确道路、调整道路方向，中国共产党才能始终大踏步赶上时代，而不是被时代甩在后面。

组织的严密性。从革命之初，中国共产党就坚持把支部建在连上，把支部建在基层。这两者相结合，使中国共产党保持了对军队的绝对领导力和对民众的强大组织动员力，同时，这两种力又使中国共产党具有了强大的能动性力量，不再是一个仅仅停留在口头上、停留在理论层面上的政党，这也是我们党区别于其他政党的一个显著特点。所以，在核心组织中，要加强党的自身建设；在政权组织中，要加强党的领导；在外围组织中，要加强群团组织建设；在基层组织中，要加强农村和社区组织建设。这样就保证了中国共产党强大而严密的组织力和动员力，如此才能把中国人民广泛而深刻地组织和动员起来。

理论的科学性，坚持和发展马克思主义；道路的正确性，发展具有中国特色的革命、建设和改革道路；组织的严密性，实现对全社会的广泛动员和覆盖。这就是中国共产党能够团结带领中国人民走出一条中国道路的三个最显著原因。换言之，中国共产党能够深刻改变中国，就在于在这三个方面都做出了非常卓越的成就和贡献。与此同时，这也对中国共产党领导下的中国发展有所启发。在理论上不盲目，就是可以借鉴其他有益的思想理论但不盲目采用。在道路上不盲动，就是不能盲目丢弃原本走得好的道路，转而寻求一条充满危险的道路。我们要走新路，不走老路；要走正路，不走邪路。在制度上不盲从，就是不能幻想别人会给我们搬来一座政治制度上的“飞来峰”，可以替换掉我们现有的组织体系和组织形式。中国共产党深刻改变了中国，也体现了其牢牢坚持自己领导权的历史合理性。

二、中国共产党改变中国具有怎样的伟大意义？

习近平总书记在庆祝中国共产党成立 95 周年大会上的讲话，着重讲述了中国共产党领导中国人民取得的伟大胜利对当代中国的伟大历史意义。那么，到底具有怎样的历史意义呢？

（一）这场伟大胜利使得 5 000 年的中华民族和中华文明实现了现代化的重生

世界上的落后国家大都是在作为殖民地半殖民地的状态下开始现代化的，因此，落后国家的现代化是一个极大的、生死攸关的问题。发达国家的现代化一般是通过殖民占领、开疆拓土、掠夺其他国家以及创造出先进的技术和生产方式来实现的。但是，落后国家发展所能获得的世界空间和市场就很有限，再加上技术也不先进，所以落后国家的现代化成了十分棘手的难题。

现代化一般包括器物、制度和文化三个层面。对中国来说，既要现代化又要非西方资本主义化，这是一个极大的挑战。从这个角度来看，中国共产党领导中国人民取得的伟大胜利，至少具有重要的标志性意义，就是中国作为一个体量最大、历史最悠久的文明古国，乃是迄今为止第一个相对来讲较为成功地以非西方化的方式实现了初步现代化的发展中国家。对此，我们要充满自豪和自信。中华文明是除了新教改革后的西方文明之外，最具现代性潜质的文明，也是最具开放性的文明。因此，我们要以更大的信心和力量进一步推进现代化。

（二）这场伟大胜利使得具有 500 多年历史的社会主义主张获得了高度现实性和可行性

过去讲社会主义通常会追溯到科学社会主义，有不到 200 年的历史。但党的十八大以来，习近平总书记对世界社会主义的历史进行了系统阐述，把社会主义的历史进一步追溯到空想社会主义。500 多年的历史，意味着社会主义几乎与资本主义同时起步。那么，社会主义要解决什么问题呢？其实不论是科学社会主义还是空想社会主义，都是从一个最基本的问题出发——为什么社会生产发展得越快而社会上受苦、受难、受穷、受累的人反而越多呢？这是一个矛盾，也是一个悖论。简单来讲，空想社会主义认为，这是人性的问题，所以要改造人，而马克思主义认为，这是制度的问题，所以要改造制度。这是两者根本的区别，但它们思考问题的出发点都是一样的。

对于中国来说，必须坚持社会主义的实质——让社会的发展进步有利于社会中的大多数人。在社会主义的发展历程中，从空想到科学是一个飞跃，从理论到实践是一个飞跃，从斯大林体制到中国特色社会主义又是一个飞跃。对社会主义的种种探索和历史积累，使得中国共产党领导下的中国，第一次让社会主义的主张和本质在中华大地上得到了初步显现。我们在理论上有责任和义务继承并发扬社会主义的“道统”，使其成为当代中国的现实。

（三）这场伟大胜利使得建国 60 多年的中国取得了举世瞩目的成就

可以从三个维度来看待当代中国发展的伟大成就：首先，发展中国家维度。中国作为一个发展中国家，其成绩无疑是优秀的。所以，其他一些发展中国家并不把中国视为发展中国家，甚至它们还认为中国应该被归入发达国家的行列。然而，中国对此并不认可，依然坚持中国是发展中国家的观点。其次，社会主义国家维度。二战后的冷战时期，世界上有社会主义集团和资本主义集团，有北约和华约。但是，在东欧剧变、苏联解体之后，社会主义阵营出现了严重的挫折和失败。而恰恰就在这个背景下，中国在 70 年代末开始实行改革开放，这使得中国特色社会主义不仅坚持了下来，而且还发展得朝气蓬勃。最后，“金砖国家”维度。中国在印度、俄罗斯等金砖国家中也是佼佼者。比如，横向比较，中国的工业体系、人口素质、基础设施、生产制造能力等是非常卓越的。这些成就非常值得骄傲和自豪。

1956 年，毛泽东曾说：“你有那么多人，你有那么一块大地方，资源那么丰富，又听说搞了社会主义，据说是有优越性，结果你搞了五六十年还不能超过美国，你像个什么样子呢？那就要从地球上开除你的球籍！”2016 年，习近平总书记在庆祝中国共产党成立 95 周年大会上的讲话中，又一次使用了“开除球籍”的说法。他指出，中国彻底摆脱了“被开除球籍的危险，创造了人类社会发展史上惊天动地的发展奇迹，使中华民族焕发出新的蓬勃生机”。这个论断应该说既是对历史的一种回应，也是对现实的客观肯定，显露了对中国所取得的辉煌成就的自豪感。

第 2 节　中国道路的政治密码

中国形成了一条有中国特色的发展道路，其原因必须从中国共产党自身去寻找——中国共产党在保持强大领导力的同时展示出了灵活的适应性。面对经济社会变化所带来的冲击和挑战，中国共产党既保持了强大的领导力，同时又以自己的方式展示了灵活的适应性。

2013 年 6 月 18 日，习近平总书记在党的群众路线教育实践活动工作会议上说：“我们多次讲，党的先进性和党的执政地位都不是一劳永逸、一成不变的，过去先进不等于现在先进，现在先进不等于永远先进；过去拥有不等于现在拥有，现在拥有不等于永远拥有。这是用辩证唯物主义和历史唯物主义观察问题得出的结论。”中国共产党深刻地认识到：在巨大的、强烈的政治和社会变迁面前，必须既要保持自己的先进性又要展示出足够的灵活性，要想永葆青春活力和执政地位，就必须不断地与时俱进，必须不断地保持强大的领导力。

一、中国共产党的强大领导力

中国共产党拥有强大的领导力，它不仅是中国特色社会主义事业的领导核心，还是推进国家治理体系和治理能力现代化的领导核心。原全国政协副主席陈锦华指出，中国制度在中国模式形成中发挥的整体优势、系统功能和综合作用的一个突出表现就是中国共产党的领导核心作用，“中国共产党的领导核心作用，特别是党的中央领导集体的崇高理想、雄才大略和为国为民的济世精神，国家机器的有效运转，既民主又集中的领导体制和运作机制，可以最为广泛地调动、组织和协调各种资源，全力以赴地建设社会主义现代化国家”①。共产主义政党和共产主义国家在治国理政方面，特别是在治国理政的能力和调控性方面所展示出的惊人力量，令那些西方国家惊叹佩服。直到今天，亨廷顿的这个判断依然是正确的。日裔美籍学者福山说，经济发展并不仅仅是由好的经济政策推动的。我们还需要一个能够保证法律和秩序、财产权、法治和政治稳定性的国家，这样生活于其中的人们才愿意进行投资、开发、经商、国际贸易等活动。在 20 世纪 70 年代末 80 年代初，世界上实行改革开放和现代化建设的并不止中国一个国家，还有许多其他国家也实行了改革开放和现代化建设的政策。但是绝大多数国家的现代化战略、策略、政策都没有取得良好的效果，只有为数不多的国家取得了比较好的效果。中国就是这为数不多的国家中的一个，这和中国共产党强大的领导力有分不开的关系。

中国共产党的强大领导力是怎样保证和实现的？从横向的角度说，

---

① 陈锦华．中国模式与中国制度．北京：人民出版社，2012：3.

中国共产党是领导各个方面的。中国共产党领导立法、领导司法、领导行政机关、领导政协、领导人民团体、领导“工青妇”；从纵向的角度看，中央领导地方，通过国资委领导各种各样的国企，通过宣传部门和其他部门领导媒体；从内容上来说，党的领导体现在纪检方面、组织方面、宣传方面乃至其他的各个方面。正是这样一个纵横的领导网络和丰富的领导内容，保证了中国共产党领导力的实现。

一方面，中国共产党的领导就像一张大网，牢牢地把我们国家的各种要素都织在一个相互联动的网里面，从而保证中国社会在剧烈的变迁面前不至于失魂、走形、散架。如果没有一个强大的党的领导的聚合作用，中国的改革开放、中国的现代化建设、中国的社会变迁就不会取得成功，中国的政治发展也不会取得成功。这个结论是毋庸置疑的！因为社会变化越剧烈，我们就越需要谋定某些固定的因素，从而使得这种剧烈的变化不至于给社会带来根本性的冲击，否则这个社会根本承受不了。

另一方面，中国共产党并非简单地、直接地、粗暴地把各种社会要素和因素聚拢在一起，而是在聚拢和调节这些要素和因素的过程中，展示出了特别强大的、灵活的适应性。中国共产党正是因为在市场化转型中展示出了强大的灵活性、适应性，才既凝聚了中国，又顺应了中国的变革。这就是中国共产党的朝气之来源，也是中国道路能够走到今天的核心原因。“在最近的30年中，许多观察家和评论家曾经希望中国最终会转向西方式的资本主义制度。在这个过程中，中国共产党或许会在市场改革的过程中被边缘化，或许伴随着激进的意识形态走出历史舞台，或者是拥抱民主，走上韩国的道路。但是直到今天，我们仍然看不到中国共产党有什么改变执政模式的迹象。”①

二、中国共产党的灵活适应性

中国共产党的灵活适应性是怎么实现的？它是通过三种核心能力来

① 罗纳德·哈里·科斯，王宁. 变革中国：市场经济的中国之路. 北京：中信出版社，2013：231.

实现的。

第一种是中国共产党强大的理论创造能力。宣传部门、党校部门、社科院部门这样的机构不是简单地给大家做思想灌输工作，而是承担着非常重要的思想创造功能。有很多思想、很多点子、很多好的想法都是从这些机构里面创造出来的，然后走向全国、走向全世界。这种不断地在理论上自我革新的能力，使得中国共产党永远保持了一种头脑上的灵活性和适应性。例如我们今天的政策、今天的提法与 30 年前、20 年前，甚至 10 年前都有非常大的不同，但是今天的人们并没有因为这种不同而感到非常强烈的不适。为什么？这是跟这些思想理论创造部门强有力的配合和努力分不开的。

第二种是中国共产党具有非常强的自我革新能力。这个自我革新能力主要是指组织上的新陈代谢。组织上自我的新陈代谢主要靠纪检监察部门与组织部门的配合来实现。通俗地讲，就是纪检部门负责把那些不合适的干部和腐化堕落者从这个组织集体里面清除出去，他们扮演了一个站在对立面的自己人的角色。而组织部门负责把那些卓越的、优秀的人放到合适的位置上去，这样一升一降、一除一用，体现的就是中国共产党集体的、自我的新陈代谢。

第三种是中国共产党的精英吸纳能力。中国共产党专门设置了统战部这样的部门来聚拢、影响和团结那些社会上的精英人士，这些精英人士不在中国共产党内部，但是对于国家的发展、对于中国政治的发展具有非常强的影响。所以，我们党就用统一战线把这些人团结起来，让他们成为中国特色社会主义的同道人。

三、中国共产党独特的文化与制度

领导力和适应性之间有时候是存在张力和矛盾的。中国共产党既能够保持强大的领导力，同时又能够展示出足够的灵活适应性，跟它所具有的三个方面的特征密切相关。

第一个方面，中国共产党有独特的执政文化。第一个执政文化是实事求是。中国共产党笃信“实事求是”这一条，任何理论，如果不经过实事求是的考察，是不会轻易把它用到实践中去的。即使是我们奉为指导思想的马克思主义，也要拿实事求是这把尺子去量一量，如果不合适，不符合实事求是原则，我们就需要让它中国化。第二个执政文化是服务人民。中国共产党认为很多方面的思想和策略都是方法，而不是道。真正的、最高的道是服务人民。只要有利于人民的事情都可以办，只要不利于人民的事情，最好是赶快把它抛弃掉，所以中国共产党没有特别执拗、教条主义的文化。这非常有助于它既保持强大的领导力，同时又有高度的灵活性。陈锦华指出："对于模式形成和制度完善中出现的种种问题，特别是体制缺陷和机制弊端，对于外来的正面和负面的影响，能够运用改革开放的力量，运用社会主义市场经济的配置作用，不断进行调整，确保模式与制度不僵化、不停滞，确保人民群众的积极性、主动性、创造性得到充分发挥。"①

第二个方面，中国国家制度中有民主性的制度安排。例如中国的人民代表大会制度、政治协商制度、司法制度。人民代表大会制度既坚持中国共产党对人大工作的领导（比如在人大设置党组），同时又注重发挥人民代表大会制度对于整个国家政治社会的决策作用，两者是互相嵌套在一起的。它不是简单的中国共产党单方面对人大工作的领导，而是人大对党的领导又有相当强烈的反哺作用。这样就避免了中国共产党这种强大的领导力伤害到自身的灵活性。

第三个方面，中国共产党党内还有一些微妙的制度设计。比如党内领导实行常委制、党委制，而常委制和党委制本质上都是委员会制。委员会制的设计使得党内不大可能出现那种独裁专制的人物，反而可以使中国共产党既具有一定的领导力，同时又不至于过分突出领导者个人，从而牺牲掉这种灵活性。

张维为讲，中国模式的哲学观主要是实践理性，也就是在"实事求是"的思想指导下，一切从实际出发，不搞本本主义，不断总结、汲取自己和别人的经验教训，推动大胆而又慎重的体制改革和创新。《关注

① 陈锦华．中国模式与中国制度．北京：人民出版社，2012：3．

中国——41 位驻华官员谈中国共产党》一书中，一位驻华使节说，如果没有共产党理性的、充满智慧的、非常平稳及循序渐进的政策和措施的话，中国可能还处于比较落后的阶段，至少赶不上现在的发展局面。黄相怀等人认为，中国共产党是一个理性务实、头脑灵活、适应性很强的政党。“须知中国共产党是靠战争起家的，而战争的最大特点就是必须保持最大的灵活性和适应性才能生存下来并取得胜利。可以说，在牢牢坚持原则和底线的情况下，必须确保思想解放、头脑灵活、适应性强，已经成为中国共产党的‘潜意识’。”① 这些看法都是非常有道理的。

第 3 节　中国道路的哲学精髓

中国特色社会主义建设 40 年来，世人一直在追问：中国特色社会主义和中国道路的哲学精髓到底是什么？厘清中国特色社会主义和中国道路的哲学精髓有何意义？经过长时间的思考、分析和研究，我们认为，中国特色社会主义和中国道路的哲学精髓就是：积极使党政主导力量、市场配置力量和人民主体力量协调并形成合力，其中党政主导力量是前提，市场配置力量是手段，人民主体力量是目的。这一哲学精髓，揭示了中国特色社会主义和中国道路的本质内涵与核心要义，揭示了中国发生奇迹且逐渐拥有国际话语权的根本奥秘，确证了在当今世界上，基于这一哲学精髓，我国正在建构一种新型的话语体系和新型文明。

一、当代中国的结构转型

现代化的本质与核心是“结构转型”，当代中国通过建设中国特色社会主义以实现社会主义现代化及其进程，本质上就是实现中国结构转型的进程。在中国共产党领导下推进的结构转型，是把握中国特色社会

---

① 黄相怀，等．不忘初心：中国共产党为什么能永葆朝气．北京：中国人民大学出版社，2016：7.

主义的“逻辑”起点。

1978年以前的一个时期，我们搞的社会主义是排斥市场经济的，实行的是权力高度集中的计划经济。那时，我国取得了一些成就，甚至在某些方面取得了巨大成就，但整体效率还不是很高，人民群众的物质生活水平没有从根本上得到改善。

1978年以后，我国开创了中国特色社会主义。这种开创，是从结构转型开始的。首先是市场经济的出现，1992年，我国正式确立了社会主义市场经济的经济体制改革方向。市场经济的出现，逐渐打破了我国传统的社会结构，使之开始实行转型。这种转型，首先体现为市场配置的力量在增长。市场配置力量增长的最直接的影响，就是人民主体力量的不断增强。因为市场配置力量的增长，会不断增强人们的主体、独立、自主、平等、民主和参与等意识，进而会使人们的各种诉求觉醒和增强。目前，人民的民主、参与程度的增强，就是人民主体力量增强的具体体现。市场配置力量或人民主体力量的不断增强，会内在要求政府转变传统职能，由管制型政府向在中国共产党领导下且仍具有主导作用的公共服务型政府转变。这样，整个中国的社会结构就会发生变化，即形成党政主导力量、市场配置力量和人民主体力量构成的新型社会结构。

这种结构，是我们理解和把握中国特色社会主义和中国道路哲学精髓的基础。

二、中国特色社会主义的哲学精髓

中国特色社会主义建设实践已进行了40年，人们对中国特色社会主义的研究也开展了40年。那么，到底什么是中国特色社会主义的哲学精髓？我们认为，它就是党政主导力量、市场配置力量和人民主体力量的正确发挥并形成协调性合力。

中国特色社会主义首先是社会主义，科学社会主义的基本原则不能丢，丢了，就不是社会主义。科学社会主义的基本原则，就是坚持劳动人民立场，它把人民群众当作社会历史发展的主体，当作社会历史发展的动力，当作推动社会历史发展的力量源泉。其哲学基础，是唯物史观关于人民群众创造历史的观点。由此看来，人民群众主体力量是中国特色社会主义必须首先坚持的基本原则。这是中国特色“社会主义”之所以称为社会主义的本质或根据。离开这一点，就不是社会主义，也谈不上中国特色社会主义。

中国特色社会主义之“中国特色”，从根本意义上说，在经济上主要体现为“市场经济”。因为在科学社会主义的基本原则中，在传统社会主义模式中，都没有市场经济的一席之地。由于中国特殊的国情，由于中国要集中精力解放和发展社会生产力，由于只有解放和发展社会生产力才能真正实现社会主义，所以，我们就利用了市场经济和市场机制。这就使中国的社会主义具有了“中国特色”。所以，市场配置力量也应成为“中国特色”社会主义的哲学精髓或本质要义。

不仅如此，中国特色社会主义之“中国特色”，从根本意义上说，还在政治上主要体现为“党政主导”。坚持中国共产党领导、更好发挥政府的作用，是中国特色社会主义的本质特征和根本要求。历史和实践表明，在 1978 年以来中国特色社会主义建设的实践中，在正确决策的前提下，党和政府集中一切资源和力量办大事，大力解放和发展社会生产力，是中国特色社会主义之“中国特色”最鲜明的本质特征。

实际上，中国特色社会主义体现在政治、经济和社会领域，就分别是中国共产党领导、市场经济和充分发挥人民群众的力量。换一种表述，就是注重党政主导力量、市场配置力量和人民主体力量。此外，中国特色社会主义不仅注重党政主导力量、市场配置力量和人民主体力量，而且注重这三种力量之间的协调并使其形成合力。只有三者协调并形成合力，才能真正建成中国特色社会主义，也才能真正显示出中国特色社会主义的相对优势和影响力。

1978 年以来，中国特色社会主义实践取得的一些巨大成就，就与这三种力量的正确发挥及其在一定程度上的协调并形成合力有关。党政主导力量，使我国能集中资源和力量办成许多具有国内外影响力的“大事”：大力发展了社会生产力，如积累了丰富的社会物质财富，高铁事业在国际上具有较强影响力，航空航天事业也得到快速发展，中国成为世界第二大经济体。市场配置力量把民营企业、私营企业、个体工商户的积极性调动起来了，解放和发展了经济生产力。人民主体力量也对中国特色社会主义建设事业做出了巨大贡献。这不仅体现在广大基层劳动人民群众为当代中国社会发展的奉献（如廉价劳动力成本的“红利”和牺牲精神）上，而且也体现在他们是城市、农村及各行各业的具体建设者上。没有他们，就没有中国特色社会主义事业的发展，也不会有当今中国所取得的巨大成就。

正因如此，党的十八大以来，党中央提出要正确处理政府与市场的关系、政府与社会的关系，提出要坚持以人民为中心的发展思想，要推进国家治理体系和治理能力现代化。推进国家治理现代化的实质，首要就是正确处理国家、市场、人民之间的关系，从而使中国特色社会主义更加成熟、更加定型。

中国特色社会主义建设实践取得的巨大成就，与党政主导力量、市场配置力量和人民主体力量的正确发挥及其在一定程度上的协调并形成合力有关，而中国特色社会主义建设过程中出现或存在的大量问题，却与党政主导力量、市场配置力量和人民主体力量未得到充分正确发挥及其不协调且没有完全形成合力有关，这主要体现在三个方面：一是某些党政领导干部与拥有资本的人相互勾结，既侵蚀了党政权力，败坏了党和政府的形象，又侵蚀、扭曲了市场机制，还损害了一些劳动人民群众的利益；二是一定意义上存在着资本占有劳动的现象，挫伤了一些劳动人民群众的积极性和主动性；三是一些党政干部脱离群众、消极腐败，导致一些群众对某些党政领导干部不满，甚至破坏了党和政府的公信力。当今中国社会所存在的问题，归根结底，大都根源于这三种力量的不协调且没有完全形成合力。或者说，许多问题多是从这三种力量的不协调且没有完全形成合力中滋生出来的。

三、中国道路的哲学阐释

中国道路的哲学精髓到底是什么？这又是一个非常值得探讨的重大问题。我们同样认为：中国道路的哲学精髓，归根结底，也是党政主导力量、市场配置力量和人民主体力量的正确发挥及其协调并形成合力。

中国特色社会主义道路（简称“中国道路”）包含七个基本要素：党的领导、国情基础、基本路线、根本任务、总体布局、价值取向、奋斗目标。

其一，把“党的领导”放在首位，显然注重的是党政主导力量。坚持走中国道路，要有领路者，这就是中国共产党。中国共产党的领导是我国政治制度的根本优势，中国共产党是中国特色社会主义事业的坚强领导核心，是实现中华民族伟大复兴的根本保证。中国共产党除了人民群众的根本利益，没有自己的特殊利益，它坚持为人民服务的根本宗旨，坚持立党为公、执政为民的本质，它把以人民为中心作为检验党的一切执政活动的最高标准，且始终把人民放在最高的位置。这显然注重的是人民主体力量。

其二，“国情基础”，即“立足中国基本国情”。中国道路是当代中国所走的道路，不是别的国家所走的道路，因而必须适合中国国情。中国国情究竟是什么？概括地说，就是“两个没有变”和“一个变”。“两个没有变”：一是我国仍处于并将长期处于社会主义初级阶段的基本国情没有变；二是我国是世界最大发展中国家的国际地位没有变。第一个没有变，意味着我国的首要根本任务是解放和发展社会生产力，为此，我国就需要利用市场经济及其市场机制，注重市场配置力量；第二个没有变，也意味着要利用市场经济及其市场机制来解放和发展社会生产力，注重市场配置力量。“一个变”就是我国社会主要矛盾已经转化为人民日益增长的美好生活需要和不平衡不充分的发展之间的矛盾。这意味着既要利用市场经济及其市场机制解放和发展社会生产力，注重市场配置力量，又意味着要以人民为中心，注重人民主体力量。显然，这“两个没有变”和“一个变”把市场配置力量和人民主体力量凸显出来了。

其三，“基本路线”，即“以经济建设为中心，坚持四项基本原则，坚持改革开放”。以经济建设为中心，就是要大力解放和发展社会生产力，为此，就首先需要利用市场经济及其市场机制，注重市场配置力量。坚持改革开放，其中首要的，就是发挥经济体制改革的牵引作用，而经济体制改革的方向是确立社会主义市场经济体制。这里也意味着要注重市场配置力量。四项基本原则中有坚持党的领导，这就要注重党政主导力量。这里，“基本路线”把市场配置力量和党政主导力量凸显出来了。

其四，“根本任务”，即“解放和发展社会生产力”。要解放和发展社会生产力，就要充分发挥市场在资源配置中的决定性作用，更好发挥政府的作用。这就把市场配置力量和党政主导力量凸显出来了。

其五，“总体布局”，即“建设社会主义市场经济、社会主义民主政治、社会主义先进文化、社会主义和谐社会、社会主义生态文明”“五位一体”。建设社会主义市场经济，就要注重市场配置力量；建设社会主义民主政治，就必须坚持党的领导，注重党政主导力量，不然，搞民主就容易走偏；建设社会主义先进文化、社会主义和谐社会、社会主义生态文明，就要注重人民主体力量，即要依靠人民、为了人民，坚持人民主体地位，坚持以人民为中心。

其六，“价值取向”，即“促进人的全面发展，逐步实现全体人民共同富裕”。这直接讲的就是注重人民主体力量。

其七，“奋斗目标”，即“建设富强民主文明和谐美丽的社会主义现代化强国”。社会主义现代化道路主要包括目标、路径、领导主体三个核心要素。其最终目标是实现共同富裕，促进人的全面发展，这在实质上注重的是人民主体力量。要实现这一目标，既要坚持党的领导，注重党政主导力量，又要注重市场配置力量，在现阶段采取社会主义市场经济体制的路径以解放和发展社会生产力，因为市场经济及其市场机制有助于大力解放和发展社会生产力，为实现共同富裕和促进人的全面发展奠定雄厚的物质基础。

上述七个基本要素表明中国道路具有丰富的内涵和内容，但归根结底，其哲学思想精髓主要就是注重党政主导力量、市场配置力量和人民主体力量的正确发挥及协调并使之形成合力。实际上，当今中国共产党人既利用市场配置力量致力于解放和发展社会生产力，又真正把人民对美好生活的向往作为奋斗目标，后者是前者的根本目的所在。这里就把党政主导力量、市场配置力量和人民主体力量有机统一起来了。不仅如此，要真正解决好当代中国的改革发展稳定问题，就既要在政治方面注重党政主导，发挥党政集中资源和力量办大事的优势，又要在经济方面发挥市场的作用，激发市场创新活力，还要在社会方面充分发挥广大人民群众的主体力量，注重大众创业、万众创新。概言之，要把党政主导力量、市场配置力量和人民主体力量有机统一起来并使之形成合力。

四、建构中国话语体系和新型文明

梁漱溟认为，世界上主要有三种文明且主要解决三种矛盾关系：一是西方文明，主要解决人和物的关系；二是中华文明，主要解决人和人的关系；三是印度文明，主要解决人与其内心世界的关系。

这种关于文明类型的分析框架对我们很有启发意义。然而，当今世界力量结构、世界格局、国际关系发生了很大变化，文明类型也在发生变化，因而需要采取一种新的分析框架。总体来看，可以运用“党政主导力量、市场配置力量和人民主体力量”的框架来分析。

相对而言，美国主要是以市场或资本力量为主导的资本文明，其经济、政治、文化、社会、意识形态及话语体系大都与这种文明相关，比如美国强调的新自由主义、实用主义、功利主义、物质主义、消费主义以及金钱政治等。

当今欧洲一些国家主要是以社会力量为主导的社团文明或社群文明，比如其所强调的社群主义、公民社会等话语体系，大都与此有关。当然，美国有的思想家看到了新自由主义的局限，也主张社群主义。如美国著名政治哲学家、哈佛大学政治学教授、美国人文艺术与科学学院院士迈克尔·J. 桑德尔（Michael J. Sandel）就主张社群主义。

在我国改革开放以前一个时期，存在的主要是以党政力量为主导的文明类型。1978 年我国实行改革开放和进行现代化建设以后，中国的社会结构发生了重大变化。党政依然是主导力量，中国共产党是中国特色社会主义建设事业的坚强领导核心；与此同时，为了解决人和物的关系，大力解放和发展社会生产力，积累社会物质财富，市场配置力量崛起了；改革开放以来，广大人民群众为创造和积累社会物质财富做出了巨大贡献，当今，根据实践的新特征新要求，我们又进一步强调大众创业、万众创新，实现共同富裕，促进人的全面发展，坚持人民主体地位，这就进一步把人民主体力量凸显出来了。正是这三种力量的逐步协调及其形成的合力，才使我国 40 年的改革开放和现代化建设取得了巨大成就。当然，也正是这三种力量在一些方面所存在的某种博弈和矛盾，使当今我国社会出现了不少问题。要从根本上解决这些问题，就必须首先从这三种力量入手。

中国特色社会主义建设和社会主义现代化建设的重要历史使命和根本任务，就是要进一步激发这三种力量的正能量及活力，并使其协调发展且形成合力。正因如此，我们强调，坚持中国共产党的领导是中国特色社会主义和中国道路的本质特征和根本要求；坚持人民主体地位，坚持以人民为中心，是中国特色社会主义和中国道路的根本价值取向；我国全面深化改革的核心，就是要处理好政府与市场的关系、政府与社会的关系，充分发挥市场在资源配置中的决定性作用，更好发挥政府的作用。

党政主导力量、市场配置力量和人民主体力量的协调及其形成的合力，是中国成为强国并屹立于世界民族之林的根本支柱，是中国参与国际竞争并拥有国际话语权的根本支柱，是建构中国话语体系并形成一种新型文明的基石、核心。这种话语体系及其新型文明，较之美国的资本文明和欧洲的公民社会文明具有相对的优势，既具有竞争力，又具有魅力，是我们充满自信的根本所在。由此，要围绕中国实践、中国经验、中国道路、中国理论讲好中国故事，建构中国话语体系，发出中国声音，就必须集中围绕党政主导力量、市场配置力量和人民主体力量的协调及其形成的合力而展开。这一点，应引起我们高度关注，也应从学理上展开全面深入系统的分析研究。

第 4 节　中国道路的核心要义

中国 40 年来一直保持相当快的经济增长速度，打破了诸如“中国崩溃论”等种种唱衰中国的论调，并探索出了一条既不同于传统社会主义模式，又不同于西方资本主义国家的独立自主发展道路，使所谓的“历史终结论”和“华盛顿共识”破产。“中国道路”是一条建设和发展之路，是中国作为一个社会主义国家，探索如何从本国国情实际出发建设和发展社会主义之路。

党的十八大报告指出：“道路关乎党的命脉，关乎国家前途、民族命运、人民幸福。”习近平总书记指出：“道路问题是关系党的事业兴衰成败第一位的问题，道路就是党的生命。”① “道路决定命运，找到一条正确的道路多么不容易，我们必须坚定不移走下去。”② 因此，我们还应该从学理层面进一步把握“中国道路”的核心要义。在我们看来，至少可以从“传统与现代”“资本主义与社会主义”“中国与世界”三个维度来把握“中国道路”的核心要义。

一、现代化的发展道路

人类社会与动物世界的一个根本区别，就在于人类可以有意识地努力为自身构建更好的共同体生活，而非仅仅被动地适应客观环境的需要。如果说哲学要不断追问“我”应该如何生活，那么政治哲学的基本问题就是不断追问“我们”应该如何生活。毫无疑问，人类文明的产生与发展，很大程度上源于人对最基本的物质生活的需求，但正是人的主观意识上的能动性，体现了人之为人的卓异。可以说，自有人类社会以来，人类对好的发展道路的探索就注定与其相伴始终。这个“好”，不

① 习近平．习近平谈治国理政．北京：外文出版社，2014：21.
② 同①36.

仅是物质或物理意义上的，更是精神和伦理意义上的。更好的社会制度，一定是能够更好地满足人们的物质文化需求、更好地促进社会整体和人自身协调发展的道路。

对中国而言，中国道路首先是一个致力于实现从传统社会向现代社会转型的自我再造、自我更新之路。“世界潮流，浩浩荡荡，顺之则昌，逆之则亡”（孙中山语）。从鸦片战争把中国卷入全新的世界大势起，中国就只能不断往前走。“周虽旧邦，其命维新”（《诗经·大雅·文王》）。为了不致彻底沦为殖民地，为了不被“开除球籍”，为了革新自强，自立于现代世界民族之林，中国的仁人志士前仆后继，孜孜以求。中国最终推翻了君主制，把传统封建专制的社会制度及其意识形态基础扫入了“历史垃圾堆”，通过政治与文化的改造来引领整个社会的进步。新中国把政权建立在人民民主的崭新基础上，从经济、政治、文化等各方面建设新社会，为改革开放后中国道路的进一步发展和相对成熟提供了政治保证和制度基础。

新中国的创建者从一开始就明确中国必须实现现代化，并且怀有一种“一万年太久，只争朝夕”的紧迫心情追赶现代化，担心中国会永远落后下去。在“文化大革命”之后，这种心情就更加急切了。1992 年以来的中国，特别是 21 世纪以来的中国，因为市场化和全球化的步伐加快，中国的现代化进程日新月异，中国社会的“现代性”因素也不断增多，中国道路也随着中国特色社会主义的形成和发展而越来越引人注目，关于“中国道路”“中国模式”的讨论和争议也越来越多。无疑，中国道路并非一下子就全部呈现出来，而是经历了曲折的探索和广泛的实践，并且还要继续完善和发展下去。到本世纪中叶，中国将成为一个社会主义现代化强国，彼时中国道路才真正成熟和定型。

二、社会主义的发展道路

中国道路使一个具有数千年悠久历史的文明古国实现了从传统向现代的转型和新生。它首先是一条现代化道路，但同时，它又是一条社会主义的现代化道路。就此而言，如果说现代化是目标，那么社会主义就是其质的规定性。只不过，因为有了社会主义的规定，中国道路所要实现的现代化也有了质的变化，它的不断累积与发展，最终是为了实现一种更为完善更为美好的社会主义社会，不断朝向“自由人联合体”这一理想社会前进。

中国之所以选择一种社会主义的现代化道路，首先是因为别的路走不通。从传统向现代的转型，革命建国是第一要义。无论是晚清封建士大夫挽澜扶危的改良路线，还是清末民初的资产阶级革命路线，都无补于时艰，无济于国运，无动于民众。俄国十月革命的成功提供了另一种可能性：要真正实现“反帝反封建”的双重任务，只有依靠以马克思列宁主义先进理论武装的工人阶级先进政党的领导，走新民主主义—社会主义的革命道路。

某种程度上，社会主义的中国道路是在历史必然性逼迫下别无选择的选择，但同时它又是为历史和现实所证明了的唯一正确的选择。无论是革命建设时期，还是改革开放时期，都是只有社会主义才最符合中国人民的最根本最长远利益。“唤起工农千百万”（毛泽东：《渔家傲·反第一次大围剿》），需要社会主义；“敢教日月换新天”（毛泽东：《七律·到韶山》），更需要社会主义；“一个中心、两个基本点”，同样需要社会主义。

更根本的，中国之所以选择社会主义而非别的什么主义的现代化道路，是因为社会主义本身就意味着对更好社会制度的探索。资本主义作为一种现代化方案，曾在人类告别封建社会、迈向现代社会的进程中发挥了重要作用，但资本主义绝不是唯一的现代化方案，特别是在 19 世纪之后，资本主义社会本身的问题进一步凸显。科学社会主义诞生于西方资本主义世界内部，其基本着眼点，一开始就是针对资本主义现代性的弊端，在批判和破坏一个旧世界的同时召唤和建设一个新世界，实现对资本主义的扬弃与超越。这为中国道路所深蕴的正当性和道义性提供了最基础的根据。虽然马克思没有对未来能够超越资本主义社会的社会制度提供翔实具体的描述和方案，但它一定是一个更加自由、更加平等、更加有利于人自身的全面发展和社会整体的全面进步，因此更加美好的社会制度。它是人类发展的方向，是未来进步的指南。

三、具有重要历史意义的发展道路

在世界社会主义的发展历程中，社会主义事业曾出现过严重失误与重大挫折，尤其是在苏东剧变之后，“历史终结论”甚嚣尘上，仿佛新自由主义主导下的资本主义自由民主制度成了全人类的终极选择。在此情势之下，中国共产党领导中国人民，既不走封闭僵化的老路，也不走改旗易帜的邪路，而是在社会主义制度的基本框架下独立自主探索了一条符合国情实际与时代需求的发展道路，极大地重塑了当代中国的面貌，使中国全方位地驶入现代化的轨道，且从没有像现在这样如此接近实现中华民族伟大复兴的时刻。在庆祝中国共产党成立 95 周年大会上的讲话中，习近平总书记郑重指出：“历史没有终结，也不可能被终结。中国特色社会主义是不是好，要看事实，要看中国人民的判断，而不是看那些戴着有色眼镜的人的主观臆断。”①

在 2008 年西方金融危机和经济危机爆发之后，资本主义制度的痼疾再次昭明于天下，“历史终结论”的始作俑者和追随者们也没有了以往真理在握的底气，任何严肃认真的探讨者都无法忽视中国道路所铸就的巨大成就、所提供的有益启示。在铁的事实面前，连许多过去盲目崇洋媚外的中国人也变得自信了。当然，我们一直认为世界上并没有一种放诸四海而皆准、俟诸百世而不惑，普遍适用于所有国家的发展模式。任何国家都要从本国实际出发，探索符合自身历史文化传统和经济社会状况的发展道路。但也正是在此意义上，中国道路反而超出了特殊性的限制，具有了更加广泛而重要的世界历史意义。

当然，历史发展并非完全是线性的，通往更好社会制度的路途注定是曲折而漫长的。人类至今取得的一切重大发展和进步，从来都不是一蹴而就的。在进入现代资本主义社会之前，人类经历了数千年的奴隶社会和封建社会时期，人和人之间是直接的奴役被奴役、依附被依附关系，根本谈不上什么自由和平等。资本主义社会发展至今仍只有数百年

---

① 习近平．在庆祝中国共产党成立 95 周年大会上的讲话．学习活页文选，2016（43）：13.

的时间，科学社会主义诞生以来更是只有区区 170 年的时间。虽然人类社会前进的步伐在不断加快，但根据历史唯物主义基本原理，在一个旧的社会形态的存在所依赖的各种条件消失之前，这个社会是绝不会最终退出历史舞台的。只不过，那些有利于新的社会形态、社会制度生长壮大的条件也在不断积累，它们不仅存在于社会主义国家，同样也存在于资本主义国家。在相当长的一个历史时期内，资本主义和社会主义大概会以一种你中有我、我中有你的状态长期共存，但一般趋势必定是社会主义因素积累得越来越多，最终实现由量变到质变的突破，社会主义最终取得更加普遍的胜利。

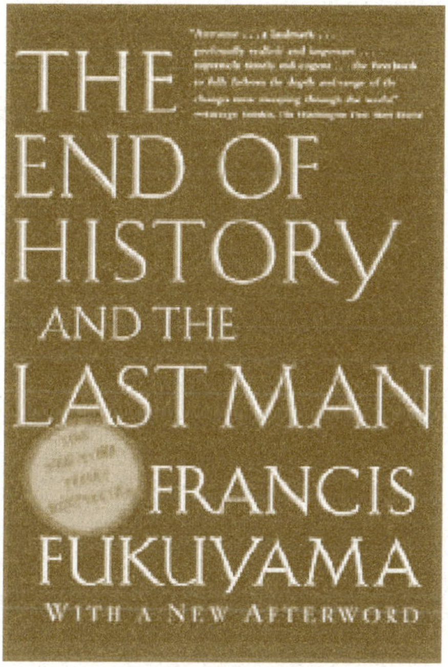

《历史的终结和最后的人》

无论是多么强大的国家，都不可能主导整个世界结构的演变。中国从来不愿把自己的意志强加给别人，同时中国也不愿意受别人意志的强迫。中国共产党领导中国人民进行的革命、建设和改革，一直都坚持葆有高度的主体性，过去如此，将来也是如此。中国道路所具有的重要历史意义，最基本的一点也恰恰在于打破单一线性的历史发展模式，坚定主张各国独立自主探索本国发展道路。同样，我们绝不能因为中国道路的社会主义现代化代表人类未来进步的方向就盲目乐观，而是应该时刻葆有清醒的现实感，实实在在做好自己眼前的事。中国在人口和经济方面都拥有巨大的体量，只要把自己的事情做好，把中国特色社会主义建设好，就会对整个世界的发展进步做出巨大贡献。

当然，中国共产党也相信自己正在做的事业具有更加重要的世界意义，中国特色社会主义将来一定会真正走向世界，但我们只想让事实自身去说明、去显示。党的十八大以来，中国特色社会主义不断取得新发展，形成了比较系统的新时代中国特色社会主义思想。党的十八届三中全会提出要“完善和发展中国特色社会主义制度，推进国家治理体系和治理能力现代化”[①]，到 2020 年，“使各方面制度更加成熟更加定型”[②]。党的十九大更是进一步为全面建成小康社会之后的中国制定了“两步走”战略，到 2035 年基本实现社会主义现代化，到本世纪中叶把我国建成富强民主文明和谐美丽的社会主义现代化强国。我们有理由相信，中国共产党一定能够领导中国人民在中华大地上成功建设更加完善更加美好的社会制度，为中国人民的幸福、中国社会的进步提供根本而长久的制度保障，为人类探索更好社会制度提供足堪参考借鉴的“中国方案”。

---

① 中共中央关于全面深化改革若干重大问题的决定. 北京：人民出版社，2013：3.

② 同①7.

What can China's Road Contribute to the World

WHAT CAN CHINA'S ROAD CONTRIBUTE TO THE WORLD

第3章

中国道路的生存性贡献

3 中国道路的生存性贡献

中国历来是一个人口大国，同时也是一个人均资源拥有量相对较少的国家。治理好这样一个大国并不容易，仅仅是解决人民的生存问题就是一个艰巨的课题。历朝历代，由于民不聊生而引发的动乱并不在少数。每一代统治者都想解决这个问题。中国共产党代表人民群众的根本利益，也同样面临这样的压力。

新中国成立前夕的 1949 年 7 月，当时的美国国务卿艾奇逊曾有过一个“预言”，他说，“人民的吃饭问题是每个中国政府必然碰到的第一个问题。一直到现在没有一个政府使这个问题得到了解决”。言外之意，就是中国人民的吃饭问题，共产党领导的新中国也解决不了。1994 年，美国世界观察研究所所长莱斯特·布朗在其发表的一篇具有争议性的题为《谁来养活中国?》的文章中指出，食物安全是人类面临的最严峻的挑战，到 2030 年中国人口将达到 16 亿，粮食需求猛增，而随着中国的工业化，耕地面积减少、水资源短缺、生态环境破坏，将使粮食总产量不断下降，中国粮食将不能自给，供求缺口很大，以至于所有粮食出口国都不能养活中国，中国的粮食问题将导致世界粮食危机。一石激起千层浪，布朗的观点引发了热烈讨论。如今，距离 1949 年已经过去了近 70 年，距离 1994 年也已经过去了 20 多年，中国不仅没有出现艾奇逊和

布朗所说的情况，而且粮食自给率达 95%以上，民众的吃饭问题基本解决，艾奇逊等人的预言彻底落空了。

不仅是在粮食生产方面解决了人民的吃饭问题，我们在保障人民温饱和生存的各个方面，都取得了巨大成就。人民群众的收入水平在不断增长，基本解决了温饱问题，并在向更高水平的小康生活迈进。针对少数贫困地区和贫困人口，党中央已经明确要在“十三五”期间全部实现现行标准下的脱贫摘帽。我国的社会保障体系建设逐步完善，从医疗、养老、失业救济等各方面保障了人民的基本生存水平。针对一些特殊弱势群体，国家完善了国家救济体系和社会扶助体系，不让任何一个群体落在温饱之外，并带动大家一起奔向小康。

第 1 节　中国道路使中国人解决了吃饭问题

新中国成立以来特别是改革开放以来，我国粮食生产取得举世瞩目的伟大成就，成功解决了 13 亿多人口的吃饭问题，为全面建成小康社会、保障国家现代化做出巨大贡献。1949 年我国粮食产量仅有 2 263.7 亿斤，到了 1978 年提高到 6 095.3 亿斤，到了 2015 年达到历史最高水平的 12 428.7 亿斤，2016 年略有降低，为 12 324.8 亿斤[①]。吃饭问题是国家发展的基础和前提，用占世界 7%的耕地解决占世界 19%的人口的吃饭问题是一个艰巨的任务，成就来之不易，经验弥足珍贵。原因在于我们走了一条具有中国特色的农业生产发展之路，结合国情，综合运用各方面有利因素提高了粮食生产的数量和质量。

一、中央高度重视粮食生产

早在 20 世纪 50 年代，毛泽东同志就指出：“全党一定要重视农业。农业关系国计民生极大。要注意，不抓粮食很危险。不抓粮食，总有一

---

① 伍振军. 新中国解决了“吃饭问题”. 经济日报，2015-10-09.

天要天下大乱。……农业关系到五亿农村人口的吃饭问题，吃肉吃油问题，以及其他日用的非商品性农产品问题。……农业搞好了，农民能自给，五亿人口就稳定了。”[①] 党的十一届三中全会以来，中央为发展农村经济和粮食生产采取了一系列重大举措，在农村全面实行了家庭联产承包责任制，极大解放了农业生产力，使我国农村经济获得全面发展，农业生产连年丰收。

长期以来，为体现对农村、农业、农民和粮食生产的重视，中央连续以“一号文件”的形式发布关于“三农”问题的政策措施。1982 年至 1986 年，中央连续 5 年发布以农业、农村和农民为主题的一号文件，对农村改革和农业发展做出具体部署。2004 年至 2017 年，中央又连续 14 年发布以“三农”为主题的一号文件，强调了“三农”问题在实现中国的社会主义现代化时期“重中之重”的地位。无论每年的一号文件内容有何调整，不变的是中央对加大农业生产支持保护力度、稳定发展农业生产、挖掘粮食增产新潜力、维护国家粮食安全的重视。

党的十八大以来，以习近平同志为核心的党中央始终把粮食安全作为治国理政的头等大事，高屋建瓴地提出了新时期国家粮食安全的新战略，如“饭碗论”“底线论”“红线论”……推进了一系列具有重要意义的粮食安全理论创新与实践创新。2013 年的中央农村工作会议是一次高规格布局粮食安全的重要会议，中央政治局常委全体出席，习近平总书记首次对新时期粮食安全战略进行了系统阐述。他强调粮食安全的极端重要性，并指出：“我国 13 亿多张嘴要吃饭，不吃饭就不能生存，悠悠万事，吃饭为大。……要牢记历史，在吃饭问题上不能得健忘症，不能好了伤疤忘了疼。”习近平总书记站在全局的高度指出，只要粮食不出大问题，中国的事就稳得住。粮食安全既是经济问题，也是政治问题，是国家发展的“定海神针”。粮价是百价之基，关系物价稳定，是稳增长、保就业的重要支撑，在经济下行压力加大的背景下更是如此。粮食事关国运民生，“民以食为天”，粮食安全是维系社会稳定的“压舱石”，

---

① 毛泽东. 毛泽东文集：第 7 卷. 北京：人民出版社，1999：199.

是国家安全的重要基础。习近平总书记反复强调，保障国家粮食安全是一个永恒课题。

正是由于中央高度重视，政策才会及时，措施才会得力，农业生产和粮食生产才会稳定发展，十几亿中国人的吃饭问题才会从根本上得到解决。

二、具有中国特色的农业经营体制及其变革之路

对农业生产来讲，资源是基础，经营体制是决定因素。从新中国成立至今，为适应经济社会发展的需要，推动农业生产和粮食生产进步，我国的农业经营体制不断调整，最终形成了与国情和发展需要相适应、具有中国特色的体制形式。

（一）新中国成立之后国民经济恢复时期，以家庭个体经营为主

从 1950 年冬到 1953 年春，中国共产党领导的全国范围的土地改革的顺利完成，使广大农民从封建土地制度下解放出来。这一时期的农业经营体制是以家庭个体经营为主的，集体经营比例较小。这种经营体制解放了农业生产力，大大促进了农村经济的发展。

（二）农业合作化运动时期，家庭个体经营逐渐向集体统一经营转变

农业合作化运动历经三个阶段，采取了由社会主义萌芽性质的互助组，到半社会主义性质的初级社，再到完全社会主义性质的高级社的逐步过渡的形式。互助组从经营方式上来看仍然属于个体经营。初级社的土地、大牲畜等仍归社员私有，但由合作社统一使用，社员按入股土地分红。高级社则是完全的统一经营。

（三）“大跃进”和人民公社化运动时期，基本上是单一的集体统一经营

这种统一经营、集体劳动、平均分配的体制压抑了广大农民的生产积极性和主动性，使农村生产力遭到了很大的破坏，农业生产发展十分缓慢。虽然其间中央对国民经济几次进行调整，但是这种集体统一经营体制始终没有改变。从 1958 年至 1978 年的 20 年间，我国农村人均收入

低，人民生活改善甚微。

（四）党的十一届三中全会至今，以家庭联产承包责任制为主

1978 年，党的十一届三中全会将《中共中央关于加快农业发展的若干问题的决定（草案）》发到各省市区讨论和试行，后于 1979 年发布实行，该决定提出："可以按定额记工分，可以按时记工分加评议，也可以在生产队统一核算和分配的前提下，包工到作业组，联系产量计算劳动报酬，实行超产奖励。"在党的十一届三中全会精神的鼓舞下，全国广大农村社队恢复和建立了各种形式的生产责任制，出现了从不联产到联产、从包工到包产再到包干的变化过程，家庭联产承包责任制成为全国大部分地区的主要经营形式。家庭联产承包责任制包括各种承包形式，核心是包产到户和包干到户的"双包"制。包产制是在统一核算、统一分配的情况下，按商定的条件，承包一定面积的土地和产量，包产部分纳入统一分配，超产部分或全部或按比例归承包人所得，作为奖励；减产则减少一定的统一分配额以示惩罚。包干制是从生产到分配全部包给农户，用农民自己的话说就是："保证国家的（交售任务），留够集体的（公共提留），余下的都是自己的。"

1982 年 1 月，中共中央将全国农村工作会议的纪要作为一号文件发出，文件指出："目前实行的各种责任制，包括……包产到户、到组，包干到户、到组，等等，都是社会主义集体经济的生产责任制。"1983 年和 1984 年中央又连续发出两个一号文件，使家庭联产承包责任制的发展进入高潮时期。到 1984 年，以家庭联产承包责任制为主的农业经营体制已经确立起来。家庭联产承包责任制的实行，给农村带来了深刻的变化，极大地促进了农业的发展。到 1988 年，农民人均收入达到 544.9 元，比 1978 年增加 411 元，平均每年增长 15.1%，是新中国成立 40 年来农民生活水平提高最快的时期[①]。

20 世纪 90 年代后期以来，随着社会主义市场经济的发展，一些完

---

① 林晓丹. 浅论建国后我国农业经营体制的变革及启示. 林区教学，2009（6）.

善和创新农业经营体制的方法，如公司制、家庭农场制、发展农村合作经济组织、农业工业化等纷纷被提出来，这些有效克服了家庭联产承包责任制在实践中的某些问题，但是仍然不能否定家庭经营的基础地位，所以以家庭承包经营为基础、统分结合的双层经营体制仍然是我国农业的基本经营制度。这一经营制度是改革开放以来中国农业生产和粮食生产取得巨大进步的制度基础。2013 年下发的中央一号文件提出，全面开展农村土地确权登记颁证工作，这有助于进一步完善家庭联产承包责任制。党的十九大提出实施乡村振兴战略，巩固和完善农村基本经营制度，深化农村土地制度改革，完善承包地“三权”分置制度。保持土地承包关系稳定并长久不变，第二轮土地承包到期后再延长 30 年。这是我国农业生产稳定发展的基础。

三、国家推动的农田水利设施建设之路

中国是水旱灾害多发性国家。据历史资料，从公元前 206 年至 1949 年新中国成立前的 2155 年间，共发生过较大水灾 1 029 次、较大旱灾 1 056 次，几乎平均每年发生一次较大的水灾或旱灾①。频繁的水旱灾害，不仅给社会带来了巨大灾难，也造成了政治的动荡不安，因而，治水一直是历代统治者的一件大事。新中国成立后，党和政府十分重视农田水利建设，经过 60 余年的努力，农田水利事业取得了举世瞩目的成就。

新中国成立之初，农业生产的迫切任务是尽快修复、兴建水利工程。1949 年 11 月，新中国第一次全国水利工作会议在北京召开。会议提出了“防止水患，兴修水利”的水利建设方针，并要求依照国家经济建设计划和人民的需要，根据不同的情况和人力、物力、财力、技术条件，分清轻重缓急，有计划有步骤地恢复发展防洪、灌溉、排水等项水利事业。1950 年，中央人民政府颁布《中华人民共和国土地改革法》，全国进行土地改革，为发动群众积极参加农田水利建设创造了十分重要的条件。1955 年 10 月，中共中央做出《关于农业合作化问题的决议》，

---

① 朱尔明，赵广和. 中国水利发展战略研究. 北京：中国水利水电出版社，2002：16.

农业合作化运动得到迅速发展。农业合作化的组织形式，不仅激发了群众生产的积极性，也显示了将农民组织起来进行大规模农田水利建设的优越性。随后，《1956 年到 1967 年全国农业发展纲要》明确指出，从 1956 年起，在 12 年内，基本消灭水灾和旱灾。1962 年 11 月，农业部在全国农业会议上提出“小型为主，配套为主，群众为主”的冬修水利方针。1965 年 8 月，水电部召开的全国水利工作会议进一步提出，“大寨精神，小型为主，全面配套，狠抓管理，更好地为农业增产服务”的水利方针[①]。20 世纪 70 年代，各地大兴农业学大寨运动，将水利建设与农田整治结合起来，再次掀起农田水利建设高潮。至 70 年代末 80 年代初，我国农田水利系统基本建成。

据水利部 1980 年的 30 年总结材料，30 年间，全国整修和扩建了 16.5 万公里堤防，普遍疏浚、整治了排水河道，开辟了海河和黄河的排洪出路；兴建水库 8.6 万座、667 公顷以上灌区 5 200 多处，机电排灌动力 5 000 万千瓦，机井 220 万眼，全国水电装机 1 900 万千瓦，初步控制了洪水灾害，全国的有效灌溉面积大幅增加。这一时期农田水利事业取得如此巨大的成就的根本原因在于：一方面，在农田水利建设上，党和政府不仅在思想上高度重视水利建设，而且在资金上给予大力支持[②]；同时，人民公社政社合一的集权模式和以生产队为基础的集体经济提供了动员广大农民所必需的政治、经济和文化资源[③]。另一方面，国家全方位介入农田水利管理，将农田水利事业置于国家的日常管理之中，同时，农田水利建设与农业灌溉组织相结合，形成了水利工程专管与群管相结合、大中小型水利设施相配套的农田水利建设与管理体制，这不仅有力地促进了水利工程的兴修，也使建成的水利工程得到良好的维护，从而保证了水利工程的系统性和有效性。

2011 年的中央一号文件《中共中央国务院关于加快水利改革发展的决

---

① 张岳. 新中国水利五十年. 水利经济，2000（3）.

② 钱正英，马国川. 中国水利六十年. 读书，2009（10）.

③ 罗兴佐. 治水：国家介入与农民合作——荆门五村农田水利研究. 武汉：湖北人民出版社，2006：39.

定》，是新中国成立以来中央首个关于水利的综合性政策文件。该决定从战略和全局高度出发，将农田水利建设提升到国家粮食安全的战略高度。我国是人口大国，粮食安全问题是国家发展战略问题，必须立足依靠自身力量来解决。当前，“确保国家粮食安全，最大的制约因素是水，最薄弱的环节是农田水利，特别是近年来频繁发生的严重干旱，充分说明农田水利建设滞后仍然是影响农业稳定发展和国家粮食安全的最大硬伤”①。从这个意义上来说，大力推进农田水利建设对确保我国的粮食安全意义重大。

四、中国特色的农业科技进步之路

经过新中国成立以来 60 多年的发展，我国农业科技取得了显著进步，农业科技进步贡献率在“一五”期间仅有 20%，到 2014 年已经达到 56%。我国水稻、小麦、玉米三大粮食作物原生质体培养技术与国际先进水平同步，超级稻研究与新品种选育居国际领先地位。一大批高产、超高产、抗逆、广适性的超级稻、杂交小麦、杂交玉米等粮食新品种选育推广，为我国提高粮食单产做出巨大贡献。农业科学技术的进步

① 奏响全面加快水利改革发展新号角——水利部部长陈雷解析 2011 年中央一号文件. 中央人民政府网，2011-01-29.

与国家层面的农业科技政策紧密相连。新中国成立以来，我国主要采用制定科技规划方式实施农业科技政策，引导与促进农业科技事业的发展，总体上推动了粮食产量的巨大提高。

（一）高度重视农业科技进步

早在 1957 年，我国就创立了中国农业科学院。1982 年邓小平同志同国家计委负责同志谈话时明确指出："我们整个经济发展的战略，能源、交通是重点，农业也是重点。农业的发展一靠政策，二靠科学。科学技术的发展和作用是无穷无尽的。"[①] 1989 年邓小平提出了科技兴农发展战略。1991 年党中央确立了科教兴农的发展战略。进入 21 世纪，特别是 2004—2017 年的中央一号文件，均大篇幅论述农业科技问题，强调农业科技创新。这些充分体现了国家对农业科技工作的高度重视，也集中体现了农业科技工作在我国经济社会发展中的突出地位。

（二）强调直接为农业生产服务

我国第一个农业科技规划《1951—1955 年农业科研计划》就是在"理论联系实际，科学为生产服务"方针的指导下编制的。1982 年我国政府根据邓小平同志关于"农业一靠政策，二靠科学"的论断、提出的"科学技术必须面向经济建设，经济建设必须依靠科学技术"方针，更加明确地确立了国家关于农业科技工作的价值取向——为农业生产服务。中央在一系列文件中多次强调：要面向产业需求，着力突破农业重大关键技术和共性技术，切实解决科技与经济脱节问题。

（三）推动农业科技体制机制变革

由于农业科技体制机制不健全，我国农业科技研究的重大成果少，科技转化率低，农业科技进步贡献率远远落后于欧美发达国家。1985 年《中共中央关于科学技术体制改革的决定》提出，要"改革农业科学技

---

① 邓小平．邓小平文选：第 3 卷．北京：人民出版社，1993：17.

术体制，使之有利于农村经济结构的调整，推动农村经济向专业化、商品化、现代化转变”。中央要求农业科技创新必须“面向产业需求，着力突破农业重大关键技术和共性技术，切实解决科技与经济脱节问题”。这既强调了农业科技要服务农业生产的要求，而且意味着还要持续开展农业科技体制机制的探索，切实解决科技与生产“两张皮”的问题，有效促进农业科技与农业农村经济的融合①。

五、国有农场特别是大型农场的支柱作用

国有农场特别是大型农场的存在，是保障我国粮食安全、解决人民饭碗问题的重要支柱。可以说，正是由于国有农场特别是大型农场的存在，我们才能更加坚定地挺起粮食自给的腰杆子。以我们所熟知的北大荒集团为例。北大荒集团是中央直属的大型农业企业集团之一，是中国规模最大、机械化程度最高的国有农场经济区域，也是中国重要的商品粮生产基地和副产品加工基地。从 1995 年粮食产量首次超过 100 亿斤以来，目前每年北大荒向国家提供商品粮 400 多亿斤。北大荒垦区每年所产的商品粮足够 1 亿中国人吃 1 年。2011 年北大荒农耕集团发展战略部部长刘清泉曾骄傲地宣布：“我们生产的粮食可以供海陆空三军，我们可以供一亿人的口粮，占到全国粮食产量的三分之一，可能还要多。”

国有农场最初建立的目的和作用是很明确的，主要有以下几点：支援战争；助力农业将来的发展；解决粮食供给；保障国家粮食安全；安置解放后的大批退伍军人；安置解放战争中起义、投诚、俘虏的国民党官兵；保障国家边境地区的安全、民族地区的稳定。国有农场开创初期，正是新中国诞生前后最艰苦的岁月，国有农场的建设者们在短短几十年间，拓荒造田近亿亩，不仅为全国增加了紧缺的耕地，缓解了我国人多地少的矛盾，而且丰富了中西部地区短缺的粮食供应问题，使国家不必再远从内地调拨粮食支援西部边疆。这是垦荒大军的一大历史贡

---

① 黄敬前，郑庆昌．建国以来我国农业科技政策及其特征分析．技术经济与管理研究，2014（9）．

献，也是人类拓荒史上的奇迹。

改革开放以来，我国国有农场在改革的过程中相互间有了一定的差别，但总体来说有以下共同特点：第一，以农为主。现阶段我国的国有农场大多采取双层经营体制下的家庭农场和土地租赁经营的方式。国有农场与家庭农场在行政上是领导与被领导关系，在经济上是承包关系。第二，积极推进企业机制转换、制度创新和集团化改造，不断增强企业活力、市场竞争力和整体经济实力。以农业为基础，实行农工商综合经营，大力推进农业产业化，形成适应市场需要的合理的产业结构。现在我国大多数的国有农场都采用这种改革方式。第三，随着垦区的管理体制的改变，有些垦区成建制转为企业集团，省级农垦机构改组为主要经营国有资产的集团公司，所属农场和二、三产业企业视情况分别改为全资子公司、控股公司、参股公司，形成以资本为纽带的母子公司体制①。这些大型的国有农场对于实施中央的“三农”战略、保障中国的粮食安全具有重大的现实意义。

六、国家强大的支农政策和支农投入

我国财政支农政策的发展经历了一段漫长的发展过程，从新中国成立至今，经过多年的调整、演变，逐步发展成为一个系统的政策体系，对支持粮食生产，加强基础设施建设，推进农村改革，加快农村教育、卫生、文化发展起到了重要的推动作用。

回顾我国财政支农政策的发展历程，从新中国成立到 1978 年，为保证工业化的推进，在发展农业方面，安排的财政支农资金量都是很少的，而且当时安排的财政支农资金也只是为了恢复农业生产，财政对农业的投入要远远低于从农业上取得的财政收入，这一时期的政策主要倾向于发展工业，财政支农资金流向比较单一。从 1978 年农村和农业改革开始，国家开始加大对农业的政策投入和资金投入，推动了农业生产的发展。1994 年以后，我国的财政支农总体上进入了一个快速增长时期，财政支农资金投入总量逐步增加，支农规模不断扩大。从 2004 年

① 孙丽．我国国有农场的形成、作用及现状．黑龙江科技信息，2011（20）．

开始，财政支农政策进入快速调整时期。在统筹城乡发展、加大“三农”投入力度背景下，国家出台了一系列财政支农惠农政策来加大对农村的投入，使公共财政逐步覆盖农村，包括对农民的三项补贴（对农民购买良种进行补贴、对种粮农民进行直接补贴、对农民购买农机具进行补贴等），后来又推出了对农业生产资料价格实行综合补贴的政策。这些补贴极大地提高了农民的生产积极性。通过财政的各种支农补贴政策，农民从中得到了很多实惠。2006 年 1 月，全国人大常委会批准废止《农业税条例》，这意味着长达两千多年的“皇粮国税”时代的终结。据统计，全部取消农业税、牧业税和农业特产税后，每年为农民减负 1 335 亿元，可以很大程度上降低农业的生产成本，从而进一步增强农产品的国际竞争力，提高了农业的效益，增加了农民的收入。

新世纪以来，党中央、国务院对“三农”问题的认识不断深化，推出一系列富农、强农的财政政策。在国家政策的大力支持下，我国的农业农村发展处于一个比较好的历史时期，农业农村发展形势良好。农民年人均纯收入从 2003 年的 2 622 元提升到 2015 年的 1 万多元，增加了 7 000 多元，平均每年增加 600 多元，年增长率达 20%，农民收入持续较快增长。粮食总产量连年增长，我国粮食总产量从 2003 年的 8 614 亿斤提升到 2016 年的 12 324.8 亿斤，平均每年有超过 300 多亿斤的增长，年增长率 4%左右。在新农村建设时期，财政支农政策对解决“三农”问题发挥着积极的作用，成效显著。

总之，中国粮食问题能够解决，根本在于有一个坚强的党的领导，有一套能够集中力量办大事的社会主义制度。无论是农业生产经营体制的变革、农田水利设施的兴建、农业科技的进步，还是强大的国有农场体制、超强的支农力度，其根本都在于坚持了党的领导，在于实行了中国特色社会主义制度。这些成就在其他很多国家是难以实现的，中国是克服了极大的困难才做到的。中国不能靠世界养活，只能靠自己。虽然面临诸多不利因素，但是中国共产党在解决粮食安全问题上一直保持着清醒认识。保证粮食安全，从过去经验来看，主要靠政策、投入和科技。中国正在这些方面加大力度。因此，世界上多数舆论判断中国还是有信心也有能力像过去数十年里成功展现的那样，解决好中国的粮食问题。

第 2 节　中国道路使中国人解决了普遍贫穷的问题

有粮吃是生存的基础，而解决贫困问题才是真正解决生存问题。40 年的改革开放实现了中国经济的高速增长。根据国家统计局公布的数据，从 1979 年到 2014 年，中国 GDP 平均每年增长 9.7%。1978 年，中国还是世界上最贫困的国家之一，按照 2010 年不变价格计算，那时的中国 GDP 总量仅为 2 915 亿美元，人均 GDP 只有 305 美元。2010 年，中国超过日本，成为全球第二大经济体。到 2015 年，中国 GDP 总量为 87 980 亿美元，人均 GDP 达到 6416 美元。中国已跨入世界银行定义的“中高等收入国家”行列。在减贫脱贫的道路上中国取得了举世瞩目的成就。据世界银行统计，中国极端贫穷人口（每日收入低于 1.25 美元）的数量从 1987 年的 8.36 亿减少到了 2010 年的 1.56 亿。中国的统计数字显示，截至 2015 年底，只有 5 000 多万人口生活在贫困线以下。中国经济的持续高速增长减少了贫困。无论是以中国官方贫困线还是以世界银行的贫困标准来衡量，中国的减贫都取得了举世瞩目的成就。

一、中国经济发展与减少贫困

是什么原因使中国减贫取得了巨大成就？在这成就背后，经济体制变革、城市化和改革开放政策功不可没。

在市场经济体制改革的推动下，1978—2007 年这 30 年间，国内生产总值每年的平均增速是 10%，农村家庭的人均年收入从 134 元增至 4 140 元；贫困人口占总人口的比重从 30.7%降至 1.6%[①]。城市的成就显而易见，在农村，实行家庭联产承包责任制对当时我国农村的神奇效

---

① 黄子轩. 中国扶贫工作成就巨大. 中国日报网，2016-03-15.

果可用“立竿见影”来概括。头年粮食还不够吃，但实行家庭联产承包责任制后，粮食产量猛涨，家家都能有存粮。

城市化是另一个重要推力。为了谋生，大量的农村人口涌入城市。尽管在中国严格的户籍制度下，大多数农村人口不能享受一些社会福利和其他只限城市居民使用的资源，但是，他们在城市赚得的财富远比在农村多得多。与此同时，一些仍然生活在农村的家庭开始放弃田间耕作栽培，尝试通过自己的努力从事报酬丰厚的非农业工作。

除此之外，开放政策也使减贫工作更加稳固。随着经济全球化进一步加速，中国的出口，特别是劳动密集型产品的出口迅速上升。另外，允许外国企业和国外投资进入中国这一政策，更对增加工作机会、减轻贫困程度意义重大。

二、中国特色的扶贫工作

经济发展本身并不能完全解决贫困问题。为解决这一问题，我们持续推进专门的扶贫攻坚工作。改革开放以来，我们先后实施《国家八七扶贫攻坚计划（1994—2000 年）》《中国农村扶贫开发纲要（2001—2010 年）》《中国农村扶贫开发纲要（2011—2020 年）》，使扶贫思路和扶贫方式不断创新。尤其是党的十八大以来，我们实施精准扶贫、精准脱贫，开创了扶贫工作的新局面。

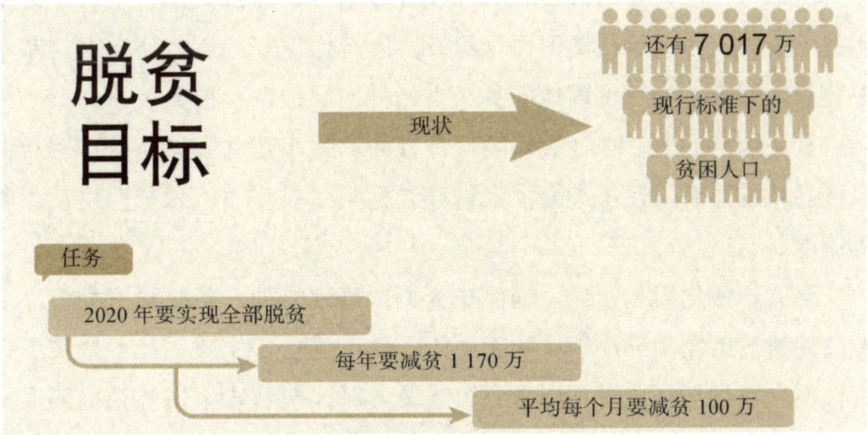

2020 年我国脱贫目标

我国的扶贫攻坚主要采取了以下做法：

第一，坚持政府主导，把扶贫开发纳入国家总体发展战略，开展大规模专项扶贫行动。我国针对特定人群组织实施妇女儿童、残疾人、少数民族发展规划。坚持开发式扶贫方针，把发展作为解决贫困问题的根本途径，既扶贫又扶志，调动扶贫对象的积极性，提高其发展能力，发挥其主体作用。

第二，构建财政专项扶贫资金管理机制。逐步完善国家扶贫资金投放结构，中央财政、扶贫信贷和以工代赈等扶贫资金集中帮扶国家重点贫困县，有关省（自治区、直辖市）政府和各中央部门有相应配套资金，并将集中连片特困地区作为资金投放和项目覆盖的首要目标，实施集中连片整村推进。其他零星贫困乡村和农户由地方政府扶贫资金扶持。

第三，构建多主体、多渠道的参与机制。各级政府和部门参与定点扶贫任务，结合干部培养和锻炼选派干部蹲点扶贫，直接帮扶到乡到村。政府积极实施“东西帮扶”协作，结合西部大开发，东部地区对口帮扶西部各省、区，促进区域协调发展，缩小东部与中西部的发展差距。同时，我国还建立了多渠道参与的社会扶贫机制，通过“希望工程”“光彩事业”等动员社会多方力量参与扶贫工作。

第四，推动贫困地区社会事业全面发展。在教育扶贫方面，重视贫困地区教育投入、智力投资，实行农科教结合，增强贫困户掌握先进实用技术能力；在医疗扶贫方面，积极发展合作医疗，逐步建立农村基本医疗保障制度，健全贫困地区县、乡、村多层级医疗服务体系，严防因病致贫、因病返贫；在社会保障扶贫方面，逐步建立了城乡特殊困难群众社会救助体系，逐步健全了农村养老保险、农村“五保户”生活保障等制度。

第五，强化组织领导，确保扶贫工作落到实处。各级政府均成立了专门的扶贫工作领导小组，明确主体责任，建立了党政一把手扶贫工作责任制。通过加强农村基层党组织建设，保证扶贫攻坚措施精准落实到贫困村、贫困户；通过加强扶贫人员队伍建设，强化各级扶贫机构及其职责，提高扶贫开发水平；通过加强扶贫开发统计监测和扶贫资金审计，提高扶贫的精准性和资金使用效率①。

经过 40 年的努力，中国 7 亿多农村贫困人口实现脱贫，为全面小康打下了基础。中国是世界上减贫人口最多的国家，也是率先实现联合国千年发展目标的国家。中国扶贫攻坚的成就主要体现在：一是农村贫困人口大幅减少，贫困发生率明显下降。二是贫困地区农民生活水平显著提高。三是贫困地区基础设施条件明显改善，通公路、通电、通电话、能接收电视节目的行政村的比例达到 90%以上，基础设施条件明显改善。四是贫困地区社会事业得到较快发展，基础教育、医疗卫生条件等得到巨大改善，社会保障投入力度不断加大，社会保障水平不断提高。党的十九大庄严承诺，坚决打赢脱贫攻坚战，让贫困人口和贫困地区同全国一道进入全面小康社会，确保到 2020 年我国现行标准下农村贫困人口实现脱贫，贫困县全部摘帽，解决区域性整体贫困，做到脱真贫、真脱贫。这将是我国民生建设的伟大成就。

第 3 节　中国道路使中国人解决了生存保障问题

人的生存能力是有差异的，总体水平的温饱并不能掩盖个别群体的生活困难。为此，必须建立一个全面有效的社会保障体系，从制度上为年老、疾病、残疾、失业等人群提供基本生活保障，解决特殊群体的生存问题。经过几十年的发展，我们已建成了一个覆盖面较广的社会保障体系，包括社会保险、社会福利、社会优抚、社会救助等。社会保险是社会保障体系的核心部分，包括养老保险、失业保险、医疗保险、工伤保险和生育保险。

① 宋洪远. 中国精准扶贫成就瞩目，为全球减贫积累经验. 中国网，2016-10-13.

一、中国社会保障体系

1949 年新中国成立便着手建立社会保障制度。1951 年 2 月 26 日，政务院颁布了《中华人民共和国劳动保险条例》。该条例的颁布实施，标志着我国除失业保险外，包括养老、工伤、疾病、生育、遗属等的职工社会保险制度已初步建立。该法规适用于国营企业和部分集体企业。与此同时，国家机关工作人员的社会保险制度也以颁布单行法规的形式逐步建立起来。此后的 20 多年，国家也颁布了许多相关法律法规，建立起了适用于计划经济时代的社会保障制度。

改革开放以来，我国进行了社会保障制度的重构。市场化改革的过程，就是社会利益、社会结构大调整的过程，原有计划经济体制下社会保障模式的解体，必然迫切要求尽快建立起新的社会保障制度，以便为社会提供一个安全网。特别是在经济转型期间，社会发生急剧变革，就更需要为公民构建一种防范和化解生存风险、维持基本生活的制度安排。否则，不但会造成社会不稳定，还会形成改革阻力。1993 年，党的十四届三中全会通过的《中共中央关于建立社会主义市场经济体制若干问题的决定》明确要求建立全覆盖的、多层次的社会保障体系。进入新世纪，中央又提出推进基本公共服务均等化等创新性的社会保障理念，社会保障事业取得了许多重要进展。一是制度体系基本建立。2003 年建立了新型农村合作医疗制度，2007 年建立了农村最低生活保障制度，2009 年启动新型农村养老保险试点，2010 年通过了《中华人民共和国社会保险法》……经过多年持续的公共服务制度建设，中国在养老、医疗、失业、住房保障等方面的制度建设不断完善，社保制度建设逐渐走上了政府主导、责任分担、社会化、多层次的发展道路，制度框架初步形成。二是覆盖面不断扩大。到 2010 年，覆盖城乡全体居民的基本医疗保障体系初步形成，已覆盖 12.6 亿城乡居民，中国成为基本医疗保障覆盖人口最多的国家。其中，城镇职工医保和城镇居民医保参保人数达到 4.3 亿，比 2005 年增长 213%；新型农村合作医疗参保人数达到 8.3 亿，参保率 96%。全国养老保险参保人数达 4 亿①。

社会保障是保障人民生活、调节社会分配的一项基本制度。党的十八大以来，以习近平同志为核心的党中央高度重视社会保障体系建设工作。党的十八大报告明确提出，要坚持全覆盖、保基本、多层次、可持续的方针，以增强公平性、适应流动性、保证可持续性为重点，全面建成覆盖城乡居民的社会保障体系。党的十八届三中全会提出，要通过深化改革建立更加公平可持续的社会保障制度。党的十八届四中全会要求切实加强社会保障法治建设。《老年人权益保障法》《残疾人保障法》等法律也得到有效贯彻实施，有力地推动了社会保障制度的改革完善。在实践中，各级政府贯彻中央的重大决策部署，落实社会保障法律法规，立足基本国情，完善体制机制，加大财政投入，社会保障制度体系建设取得历史性进展。

二、中国社会保障体系的巨大成就

随着全面建成小康社会的加快推进，近年来中国的社会保障水平不断提高，保障内容持续增加，保障范围不断扩大，在经济发展水平还不是很高的情况下，初步建立了世界上规模最大的符合现阶段中国社会实际的社会保障体系。

（一）社会保障制度体系基本形成

城乡基本养老保险制度全面建立。企业职工基本养老保险制度逐步完善，居民基本养老保险城乡统筹的格局基本形成。新型农村社会养老保险和城镇居民社会养老保险也全面实施，2014 年 2 月两项制度统一为城乡居民基本养老保险制度。

全民医疗保险制度体系逐步健全。职工基本医疗保险制度、新型农村合作医疗制度、城镇居民基本医疗保险制度、补充医疗保险和城乡医

① 中共中央对外联络部研究室. 中共十八大：中国梦与世界. 北京：外文出版社，2013：98.

疗救助制度基本建立，初步形成了多层次的医疗保障体系框架，基本医疗保险制度已基本覆盖城乡全体居民。

社会救助制度体系建设加快推进。中央政府建立了社会救助标准与物价上涨联动机制，缓解了价格变动对困难群体生活的影响。此外，不断对城乡低保制度进行改进和规范，加强低保制度的城乡统筹，为基本生活困难的群众提供了应急性、过渡性的救助。

社会福利制度体系不断完善。以保基本为原则，逐步健全了面向老年人、残疾人、孤儿等特殊困难群体的各项福利保障政策。此外，中央政府对大力发展慈善事业提出明确要求，鼓励支持社会各界开展慈善捐赠和志愿帮扶，近年来每年捐赠近千亿元。

（二）社会保障覆盖范围不断扩大

基本养老保险实现制度全覆盖。企业职工基本养老保险覆盖到国有企业、集体企业、城镇各类企业和社会组织以及城镇个体工商户、灵活就业人员。近几年，先后将农垦职工、未参保集体企业退休人员、“五七工”①、家属工等上千万人纳入职工养老保险制度。

全民医保基本实现。截至 2014 年 11 月底，城镇基本医疗保险参保 5.9 亿人，其中职工医保 2.8 亿人、居民医保 3.1 亿人，新农合参保 7.35 亿人，总覆盖超过 13 亿人，95%以上的城乡人口有了基本医疗保险。

社会救助和社会福利有效惠及困难群众。截至 2014 年 11 月底，全国共有城市低保对象 1 893 万人，农村低保对象 5 202 万人、五保供养对象 532 万人。全国城乡居家和社区养老服务覆盖率城市超过 70%、农村超过 37%，养老床位达到 572 万张。还建立了孤儿基本生活保障制度，保障孤儿 54.9 万人。

---

① “五七工”，是指 20 世纪六七十年代，曾在一些行业的国有企业中从事生产自救或企业辅助性岗位工作的、具有城镇常住户口、未参加过基本养老保险统筹的人员。这些人员多数是在 20 世纪六七十年代初响应毛泽东“五七”指示而进入企业不同岗位的城镇职工家属，因此统称“五七工”。

（三）社会保障待遇水平稳步提高

养老金水平逐年提高。企业退休人员基本养老金水平连续 13 年调整，月人均水平超过 2 000 元。截至 2014 年底，全国城乡老年居民月人均养老金 82 元。

基本医疗保险的保障水平显著提升。职工医保和居民医保政策范围内住院医疗费用，2013 年基金支付比例分别达 80％和 70％左右，新农合政策范围内的住院费用报销水平达到 75％左右。工伤、失业、生育保险待遇水平也都稳步提高。

适度提高了社会救助和社会福利水平。城乡低保人均补助明显提高，部分省市相继探索建立了高龄津贴、养老服务补贴、护理补贴、困难残疾人生活补贴、重度残疾人护理补贴和困境儿童分类保障制度。

（四）社会保障支付能力得到增强

政府社会保障投入不断加大。在用人单位和个人缴费的同时，各级政府进一步调整财政支出结构，加大资金投入力度。2003 年至 2013 年，全国财政在社会保障和就业、医疗卫生方面的支出分别为 8.13 万亿元和 3.98 万亿元，年均分别增长 18.2％和 25.8％，有效支撑了统筹城乡社会保障制度体系的建设①。

（五）社会保险管理服务水平不断提升

各级政府和社会保障经办机构大力推进管理服务规范化、专业化、信息化，严格实施收支两条线管理，逐步完善基金预决算制度，不断加大基金监督力度，社会保障管理和服务水平有了明显提高。

当然，由于经济社会发展水平的限制，我国的社会保障体系还存在一系列问题，还需完善。其实，任何国家的社会保障水平都必须与其国

---

① 本部分关于社会保障体系建设成就的数据参见：马凯．国务院关于统筹推进城乡社会保障体系建设工作情况的报告．中国人大网，2014-12-24.

情相适应。中国的国情是：幅员 960 多万平方公里，13 亿多人，处在社会主义初级阶段，仅有 40 年的快速发展历史，且发展不平衡……处于转型期的中国现在看上去有钱，可要用钱的地方实在太多，几十年的积累如果都投入福利中“分光吃净”，中国特色的社会主义事业也就前功尽弃了。另一方面，欧债危机中所谓“福利国家”的入不敷出、叫苦不迭也让人触目惊心，人口多底子薄的中国如果掉入这样的泥沼可能就意味着巨大的灾难。针对这些问题，党的十八大和十八届三中、四中、五中全会提出了一些突破性、创新性的理念，党的十九大进一步指出，要按照兜底线、织密网、建机制的要求，全面建成覆盖全民、城乡统筹、权责清晰、保障适度、可持续的多层次社会保障体系。落实这些理念，中国的社会保障体系将会更加强大、更加完善、更加有利于经济的发展和社会的和谐。

第 4 节　新时期负责任大国的新贡献

中国是世界上最大的发展中国家。在发展进程中，中国坚持把中国人民的利益同各国人民的共同利益结合起来，在南南合作框架下向其他发展中国家提供力所能及的援助，支持和帮助发展中国家特别是最不发达国家减少贫困、改善民生。中国以积极的姿态参与国际发展合作，发挥建设性作用。

一、中国对外直接提供粮食援助

从全球范围看，许多国家仍然面临着严重的粮食危机，存在不同程度的粮食短缺，它们迫切需要国际社会提供粮食援助和经济支持，否则就可能落入饥荒和贫困的深渊之中。中国主要依靠自己的力量解决了中国人自己的生存问题，但是中国并没有采取独善其身的孤立主义态度，而是尽自己所能为不发达国家摆脱饥饿和贫困而努力。

中国已是世界第三大粮食援助国。作为农业大国和人口大国，在粮食问题上中国一直受到世界的关注，并为解决世界粮食问题做出了自己的贡献。中国没有让别人养，反而养活了世界上很多人。40 年来，世界主要农产品增长份额 20%以上来自中国，联合国开发计划署官员赞誉，对中国在全球千年发展目标中所做的贡献给予再高评价也不过分。中国从粮食受援国转变为粮食援助国有一个过程。20 世纪 70 年代末，在我国政府的申请下，世界粮食计划署从 1979 年开始向我国提供粮食援助。在截至 2005 年的 26 年间，世界粮食计划署在我国实施了近 70 个无偿粮食援助项目，总金额达 10 亿美元。在接受粮食援助期间，我国政府积极配合，成为与世界粮食计划署进行良好合作的典范。2005 年，世界粮食计划署的对华粮食援助结束。在接受世界粮食计划署援助期间，中国不仅解决了本国的粮食供给问题，也为世界粮食安全做出了贡献，并同时向其他国家提供必要的粮食援助。世界粮食计划署发布的报告显示，仅在 2005 年当年，我国提供的对外粮食援助就达 57.7 万吨，成为仅次于美国和欧盟的世界第三大粮食援助捐赠国。中国对外粮食援助的主要对象包括利比里亚、几内亚比绍、斯里兰卡等十多个国家。成为援助国后，我国与世界粮食计划署共同为世界各地数千万贫困人口提供了粮食援助。我国在国际粮食援助中的身份和地位发生了深刻变化①。

从 1988 年至 2011 年，我国累计对外援助粮食 300 多万吨。其中 1996 年到 2009 年，我国对外粮食援助数量每年均稳定保持在 10 万吨以上（2008 年除外），最高峰出现在 2005 年（50 多万吨）。2010 年陡然下降至 100 多吨，2011 年恢复到 2 万多吨。在 1988 年至 2011 年的绝大部分年份里，来自我国国内的粮食平均占据了我国对外粮食援助数量的 98%左右，个别年份如 1988 年、1992 年、1993 年、1994 年、1996 年甚至占到了 100%。从援助类型来看，按照 1988—2011 年平均值来计算，紧急援助粮食量占我国对外粮食援助总量的 77%左右，项目援助量占 22%，计划援助量仅占 1%。近年来，我国多次参与国际紧急粮食援助。印度洋海啸期间，我国政府向世界粮食计划署捐赠 100 万美元用于

① 吴芳芳．我国对外粮食援助及其在对外关系中的作用分析．农业经济，2013（4）．

赈灾活动，并支持世界粮食计划署在受到海啸侵袭的斯里兰卡重建道路、基础设施等其他以工代赈项目。2007 年 12 月 13 日，我国通过世界粮食计划署参与埃塞俄比亚“免费学校午餐”计划，捐助额达 25 万美元。这是我国首次与世界粮食计划署合作开展多边援助。2011 年，非洲之角地区遭遇 60 年罕见干旱和饥荒。我国政府在半个多月的时间内，两次宣布向灾区提供紧急粮食援助和粮援现汇，援助总额共计 4.432 亿元人民币。这是新中国成立以来，我国政府对外提供的最大一笔粮食援助。其中，我国政府向世界粮食计划署提供了单笔最大额度捐款——1 600 万美元，支持世界粮食计划署在索马里的饥荒救援行动。应津巴布韦政府请求，我国政府向津巴布韦提供一批价值 9 000 万元人民币的紧急粮食援助，以帮助津巴布韦人民渡过危机。我国将帮助非洲解决粮食安全问题作为中非农业合作的根本目的，加强中非农业政策、水利灌溉、生产技术、加工营销等各领域的交流与合作，为促进非洲国家粮食安全做出了重要贡献。与此同时，我国企业也参与了粮食援助工作，其中既有国内公司，也有海外中资企业。这些企业通过捐助现金或粮食的形式提供帮助。例如，在 2011 年非洲之角遭遇旱灾时，我国在肯尼亚的公司为灾区募捐购买了 60 吨玉米面和 1 000 袋大豆等。我国在赞比亚的公司募捐了约 28 万美元①。

我国的对外粮食援助在发展中逐步走向成熟，发挥的作用日益增大。我们日益注重加强与国际多边粮食援助组织的合作，共同推进粮食援助事业。2010 年，我国政府累计向世界粮食计划署捐款 400 万美元，用以支持其全球救援行动。2011 年，我国对世界粮食计划署的捐款超过了 2 000 万美元，是 2010 年的 5 倍，相当于 1981—2005 年我国累计捐款总额。截至 2011 年底，我国向世界粮食计划署捐款总额累计 6 450 万美元。除了政府捐赠以外，我国的企业和民间组织也积极向世界粮食计划署捐赠，参与世界粮食计划署在非洲的饥荒援助活动。无论是在紧急援助中还是在发展项目中，我国都在扮演越来越重要的角色。通过参与

① 吴芳芳．我国对外粮食援助及其在对外关系中的作用分析．农业经济，2013 (4).

国际多边粮食援助活动，增强了我国的国际影响力。

我国对外粮食援助对我国对外关系的发展起到了积极的作用，树立了中国负责任大国的形象。近年来，我国政府通过不懈努力，在实现自身粮食安全的基础上，通过减免最不发达国家债务、提高无偿粮食援助量等多种方式，积极帮助其他发展中国家解决粮食问题，支持和帮助发展中国家发展经济，推动了发展中国家实现脱贫和社会稳定，促进了与发展中国家的传统友谊关系和交流合作，对维护地区的和平、稳定和发展做出了重要贡献，树立了我国负责任大国的形象，在客观上扩大了我国在国际社会中的影响力，进一步提升了我国的国际地位。

二、中国全方位实施对外援助

除了直接粮食援助之外，我国还全方位推动各个领域的对外援助，支持受援国发展生产、摆脱贫困、改善民生。我们重点支持其他发展中国家促进农业发展、提高教育水平、改善医疗服务、建设基础设施和社会公益设施、提升发展能力，并在其他国家遭遇重大灾害时及时提供人道主义援助。

第一，促进所在国农业发展。我们通过援建农业技术示范中心、派遣农业专家提供咨询和开展技术合作、培训农业技术和管理人员等方式，积极帮助其他发展中国家提高农业生产能力，有效应对粮食危机。2010—2012 年，我国对外援建 49 个农业项目，派遣 1 000 多名农业技术专家，并提供大量农业机械、良种、化肥等农用物资。

第二，推动提高教育水平。长期以来，为帮助其他发展中国家提升教育水平，支持其教育均衡、公平发展，我们通过援建维修校舍、提供教学设备、培养师资力量、增加来华留学政府奖学金名额、支持职业技术教育发展等，不断加大教育援助力度。

第三，改善医疗卫生条件。医疗卫生是中国对外援助的重点领域之一，通过援建医院、提供药品和医疗设备、派遣医疗队、培训医疗人员、与发展中国家共同开展疾病防治交流合作等形式，我们支持受援国进一步改善医疗卫生条件，提高疾病防控水平，加强公共卫生能力建设。

第四，协助建设基础设施和公益设施。为支持其他发展中国家改善民众生活条件、开展社会公共活动，合理安排无偿援助、无息贷款资金，发挥优惠贷款融资优势，积极帮助受援国建设有迫切需求的基础设施项目，援建城市和农村公共福利设施、民用保障性住宅以及社会活动场馆，提供相关设备及物资，并开展运营管理技术合作。

第五，推动加强能力建设。我们坚持“授人以渔”的援助理念，通过人力资源开发合作、技术合作、志愿者服务等方式，与其他发展中国家分享发展经验和实用技术，帮助发展中国家培养人才，增强自主发展的造血功能。

第六，开展人道主义援助。近年来，地震、飓风、洪涝、干旱等自然灾害和战乱造成的人道主义灾难时常发生，造成受灾国人员伤亡和重大财产损失。我们积极响应国际社会呼吁，及时提供紧急救灾物资或现汇援助，并根据需要派遣救援队和医疗队，帮助受灾国减轻灾害影响，尽快重建家园。实际上，中国对世界解决生存问题的根本贡献在于中国解决生存问题的基本经验。在党的领导下，政府从政策、资金、技术、合作、保障等各方面、全方位推进粮食生产和扶贫工作，并做好社会保障体系建设，这对于在世界范围内解决生存问题具有重要借鉴意义。解决生存问题的中国经验，是中国道路的重要组成部分，是中国对世界的突出贡献。

总之，随着中国实力的增长，中国在国际舞台上的角色也越来越重要。中国正不断加强着自己对全球消除贫困和饥饿行动的影响力，更深入参与国际事务。中国愿无保留提供技术和经验，与世界各国携手消除贫困和饥饿，让受到饥饿侵扰的人们得到温饱，共同创造一个无饥饿、无贫困、可持续发展的世界。正像党的十九大报告指出的：中国将继续发挥负责任大国作用，积极参与全球治理体系改革和建设，不断贡献中国智慧和力量。

What can China's Road Contribute to the World

WHAT CAN CHINA'S ROAD CONTRIBUTE TO THE WORLD

第 4 章

中国道路的发展性贡献

4 中国道路的发展性贡献

自新中国成立以来，中国共产党团结带领全国各族人民砥砺前行，凝聚中国力量，探索中国道路。1959 年，毛泽东指出：“中国不仅要自己料理自己，自己过生活，还应该对别的国家和民族进行帮助，对世界有些益处。同别的国家一样，不仅要为自己而且还要对世界做些贡献。”① 习近平同志在党的十九大报告中指出：“中国坚持对外开放的基本国策，坚持打开国门搞建设，积极促进‘一带一路’国际合作，努力实现政策沟通、设施联通、贸易畅通、资金融通、民心相通，打造国际合作新平台，增添共同发展新动力。”② 经过 60 余载艰苦卓绝的历史征程，中国共产党励精图治、披荆斩棘，把积贫积弱、百废待兴的旧中国建设成团结统一、繁荣富强的社会主义新中国，谱写了中华民族发展史和人类发展史上的华彩乐章。在当前经济全球化和现代化的时代背景下，以习近平同志为核心的党中央把马克思主义基本原理与我国的具体实际相结合，以经济建设为中心，坚持四项基本原则，坚持改革开放，自力更生，艰苦创业，对于决胜全面建成小康社会、夺取新时代中国特色社会主义伟大胜利具有十分重要的历史与时代意义。

第 1 节　中国共产党可以发展中国

中国道路表明，中国共产党可以发展中国。办好中国的事情，关键在党。党的领导是中国特色社会主义最本质的特征，是中国特色社会主义制度的最大优势，是做好党和国家各项工作的根本保证。坚持和完善党的领导，是党和国家的根本所在、命脉所在，是全国各族人民的利益所在、幸福所在。中国共产党的诞生和发展，是中国近现代社会历史进程和广大人民群众选择决定的，是中国政治、经济、社会等各种因素相互作用、发展的必然结果，是近代以来中国革命和政党发展演变的历史

① 毛泽东. 毛泽东文集：第 8 卷. 北京：人民出版社，1999：71.

② 习近平. 决胜全面建成小康社会　夺取新时代中国特色社会主义伟大胜利——在中国共产党第十九次全国代表大会上的报告. 北京：人民出版社，2017：60.

选择。近百年中国革命和社会变革的实践证明，只有中国共产党才能发展中国，才能建设好中国特色社会主义。

我们党能够成为执政党，是历史的选择，是人民的选择。从历史发展的角度看，中国近代史，是一部令中华儿女深感耻辱的血泪史，更是一部中国仁人志士不断地探索中华民族伟大复兴的奋斗史。自 1840 年鸦片战争以来，在国内封建帝制的腐败统治和西方帝国主义列强的侵略下，曾长期位于世界发展前列的中华民族从封建社会逐步沦为半殖民地半封建社会，逐步陷入苦难深重和屈辱不堪的悲惨境地，帝国主义与中华民族之间的矛盾、封建主义与人民大众之间的矛盾不断激化。然而，作为一个自强独立、敢于反抗的民族，中华民族绝不甘心从此永久地沉睡下去。此时摆在中国人民面前的是两大历史任务：一是争取民族独立和人民解放，二是实现国家富强和人民富裕。两大历史任务息息相关、不可分割，前一任务为后一任务扫清障碍、创造必要的前提，后一任务是前一任务的最终目的和必然要求。为实现中华民族的伟大复兴，救亡图存、精忠报国的先进人士带领着中国人民与西方列强、封建专制进行了不屈不挠、前赴后继的斗争并积极地探索伟大复兴之路。1851 年洪秀全发动金田起义，成立太平天国，运动虽以内部互相残杀而告终，但却敲响了中国封建主义的丧钟。1898 年，梁启超、康有为等资产阶级改良派企图以戊戌变法挽救已穷途末路、病入膏肓的清政府，这一尝试以百日维新失败而告终。1911 年，孙中山先生希望以辛亥革命推翻封建专制帝制、建立共和政体，终以袁世凯盗取革命果实而结束。近代不少爱国人士将救国希望寄托于西方资本主义的文明成果，然而帝国主义的压迫、封建生产关系的约束和中国资产阶级自身的软弱性及局限性，决定了民族资产阶级不能领导中国革命走向最终的胜利，各资产阶级组织和政党淹没在中国历史发展的洪流中。中国沉痛的历史经验表明，中国的统治阶级、农民阶级和资产阶级都没有形成一套符合中国实际国情的科学指导理论，不能带领中国走向富强民主的光辉未来，解决不了存在于中国历史进程中内外部的发展问题。十月革命一声炮响，为中国送来了马列主义，照亮了中国革命的新道路，为马克思主义在中国的传播奠定了重要的思想基础。1919 年 5 月 4 日，反帝反封建的五四爱国运动爆发，开启了中国新民主主义革命的道路，直接影响了中国共产党的诞生和发展。1921 年，中国历史上发生了开天辟地的大事变，即中国共产党成立，从此中国革命的面貌就焕然一新了。历史和实践证明：工人阶级登上历史舞台，有其特殊性和先进性，而且工人阶级在近代所处的社会地位决定了它革命的坚定性和彻底性。长期受帝国主义和封建主义压迫和剥削的中国人民想要站起来、富起来、强起来，就必须有一个用科学理论武装的政党，而且它必须同广大的人民群众紧密联系，充分发挥人民的力量，团结带领全国各族人民完成艰巨的历史任务，由此以马克思列宁主义为指导的中国共产党应运而生。

由此可知，中国共产党的诞生，既是中国革命发展的客观需要，又是马克思主义与中国工人运动相结合的产物。从 20 世纪 30 年代以来中国艰苦卓绝的奋斗史看，中国共产党能够团结带领全国各族人民完成中国的历史任务，从救亡图存到建设发展，从争取民族独立、人民解放到实现国家富强、人民富裕，与我们党内在的政治体制优势是分不开的。

一、集中力量，办成大事

集中力量办大事是社会主义制度的优越性。中国特色社会主义事业能够取得举世瞩目的成就，发挥集中力量办大事的优越性无疑是成功秘诀之一。在经济全球化的时代背景和竞争日益激烈的国际环境下，我国作为发展中国家，在坚持民主集中制的政治基础上，只有集中资源和力量，才能办成大事、好事。例如，新型工业化与信息化是实现国家富强、民族振兴、人民幸福的头等大事，而这个头等大事必须集中力量来办。尤其是重工业、前沿产业等所需前期投资规模较大、规模经济效应明显，而且回报周期较长，更须集中力量来办。关于生产集中化，马克思和恩格斯曾有过相关论述。他们认为，生产社会化和集中化推动了生产力的发展，尤其是社会分工的发展，但受到了资本主义私有制的束缚，生产力的日益增长要求资本主义私有制承认其作为社会生产力的性质，从资本主义无计划生产向社会主义有计划生产发展。对于我国这样的工业化后发国家而言，只有集中力量充分发挥资源配置效率和主观能动性，保持党和政府对宏观经济的有效调控，才能进一步拓展经济发展空间。然而，随着改革开放步伐的加快和深入，不少人对“集中力量办大事”的优越性进行质疑甚至是解构。1982 年，邓小平在谈论“六五”计划和长远规划时说：“社会主义同资本主义比较，它的优越性就在于能做到全国一盘棋，集中力量，保证重点。缺点在于市场运用得不好，经济搞得不活。”[①] 同时，我们应在发扬社会主义制度优越性时，坚持民主科学决策这一必要前提。一方面，我们所建设的社会主义是马克思主义的科学社会主义，科学社会主义是建立在社会发展规律之上，以科学理性为基础的，因此，马克思主义的社会主义以讲究科学、坚持科学精神为其本质要求。另一方面，社会主义的组织原则就是“民主集中制”，社会主义的集中是建立在民主基础上的集中，人民群众是中华人民共和国的主人，所以建设社会主义的事业必须有广大人民的参与和建议。所以，我党更应坚定对“集中力量办大事”优越性的自信，坚持民主集中制，坚持将马克思主义基本原理与中国实际相结合，不断推进中国特色社会主义事业。

二、实事求是，处理矛盾

习近平同志指出：坚持实事求是，就能兴党兴国；违背实事求是，就会误党误国。实事求是，是马克思列宁主义、毛泽东思想和邓小平理论的精髓和灵魂，是我们党的思想路线的核心内容，也是党的优良传统和作风。无论是在革命战争时期还是在和平建设时期，正因我们党长期坚持实事求是的基本原则，国家才得以长足发展，从毛泽东同志提出的农村包围城市、星星之火可以燎原等战略到邓小平同志提出的对外开放等政策，可见实事求是思想的发展与中国革命和建设的历程紧密相连，其内涵和外延也随着中国社会的发展不断地改变。所以说，中国社会主义的建设道路发端于实事求是，发展于实事求是。尤其是我们党长期坚

---

① 邓小平. 邓小平文选：第 3 卷. 北京：人民出版社，1993：16-17.

持把马克思主义基本原理同中国具体实际结合起来，在推进马克思主义中国化的历史进程中产生了两大理论成果。第一次马克思主义中国化的重大理论成果是毛泽东思想，是中国特色的革命道路，是被实践证明了的关于中国革命和建设的正确的理论原则和经验总结。1938 年，毛泽东同志指出："没有抽象的马克思主义，只有具体的马克思主义。所谓具体的马克思主义，就是通过民族形式的马克思主义，就是把马克思主义应用到中国具体环境的具体斗争中去，而不是抽象地应用它。成为伟大中华民族之一部分而与这个民族血肉相联的共产党员，离开中国特点来谈马克思主义，只是抽象的空洞的马克思主义。因此，马克思主义的中国化，使之在其每一表现中带着中国的特性，即是说，按照中国的特点去应用它，成为全党亟待了解并亟须解决的问题。"① 第一次马克思主义中国化的实践成果，不仅在革命时期对扭转战争局面起到了决定性作用，而且在实现马克思主义中国化第二次飞跃的过程中也发挥了关键性作用，使我国不仅顺利地完成了新民主主义向社会主义的过渡，而且在过渡时期，开辟了一条适合中国特点的社会主义改造的道路；同时在总体上回答了在中国如何革命、夺取革命胜利和实现革命转变，以及如何走向社会主义等一系列革命根本问题，标志着党进一步加深了对中国革命发展规律的认识。在一定程度上，第一次马克思主义中国化的实践成果为第二次历史性的飞跃提供了一定的政治、经济、文化和社会基础。第二次马克思主义中国化的重大理论成果是中国特色社会主义理论体系，包括邓小平理论、"三个代表"重要思想、科学发展观以及习近平新时代中国特色社会主义思想。党中央提出建设中国特色社会主义，发展社会主义市场经济，进行中国经济体制改革，将社会主义基本经济制度与市场经济有机结合起来，确立了"以公有制为主体与多种所有制经济共同发展相结合"的基本经济制度，初步形成了符合中国国情的社会主义市场经济体制模式。在社会主义条件下发展市场经济，是中国共产党在创造性地发展马克思主义理论的进程中做出的历史性贡献，是中国

① 中共中央文件选集：第 11 册. 北京：中共中央党校出版社，1991：658-659.

经济改革获得成功的根本经验。

三、学习总结，自我完善

中国共产党积极学习世界各个国家一切文明有益成果，如“市场经济”“国家治理”“社会组织”等。这既可激发经济发展活力，也可促进社会和谐，还可使中国共产党不断克服自身的局限，呈现出强大的生命力。1992 年，邓小平在南方谈话中指出：“社会主义要赢得与资本主义相比较的优势，就必须大胆吸收和借鉴人类社会创造的一切文明成果，吸收和借鉴当今世界各国包括资本主义发达国家的一切反映现代社会化生产规律的先进经营方式、管理方法。”① 中国共产党是一个在马克思主义指导下建立、发展、壮大起来的学习型政党，注重学习是我们党的优良传统，我们党的力量在于组织，组织的生命在于不断学习。不论是革命时期还是建设时期，为了防止和克服本领恐慌，我们党总是把学习作为加强队伍建设的有效途径，不断推进党的事业蓬勃发展。自建党以来，我们党领导全国各族人民完成了三件大事。第一，我们党紧紧依靠人民完成了新民主主义革命，实现了民族独立、人民解放。第二，我们党紧紧依靠人民完成了社会主义革命，确立了社会主义基本制度。第三，我们党紧紧依靠人民进行了改革开放新的伟大革命，开创、坚持、发展了中国特色社会主义。可以看出，我们党之所以能够取得这样举世瞩目的伟大成就，之所以始终具有旺盛的生命力，主要是因为始终坚持对马克思主义理论的学习，并不断推进马克思主义中国化、时代化、大众化。在当今信息技术快速发展和国际政治变化多端的新形势下，我们党必须继续高度重视学习，避免精神懈怠、能力不足、脱离群众、消极腐败的危险，使自己更快地认识必然王国，尽量减少盲目性。在不断学习创新的基础上，中国共产党在为人民利益而“坚持真理、修正错误”的过程中，形成了具有自己特色的纠错机制。中国共产党在革命和执政期间经历了各种生死攸关的险阻，多次面临生死存亡的考验，如 1927

---

① 邓小平. 邓小平文选：第 3 卷. 北京：人民出版社，1993：373.

年大革命的失败、1934 年第五次反“围剿”失败以及 1958 年的“大跃进”和人民公社化运动的错误，但是最终能够由小变大、由弱到强，正是因为中国共产党能够始终因时而变，勇于自我纠正错误，从而在一次次纠错中总结经验教训，茁壮成长，最终带领全中国人民取得新民主主义革命、社会主义革命的胜利以及进行改革开放的伟大革命。中国共产党能够表现出很强的纠错能力，主要有三点原因：第一，我们党长期坚持“实事求是”的思想路线，即一切从实际出发，理论联系实际，实事求是，在实践中检验真理和发展真理。第二，我们党长期坚持群众路线，即一切为了群众，一切依靠群众，从群众中来，到群众中去，把党的主张变为群众的自觉行动。群众路线既是党取得革命、建设和改革伟大成就的生命线，也是党纠正自身错误的根本保障。第三，我们党长期坚持民主集中制，即民主基础上的集中和集中指导下的民主相结合的制度。民主集中制是党的根本组织制度和领导制度，同样也被运用于政权建设中。民主集中制一方面强调“民主”既可以保障决策的正确性，又能防止专制主义错误的形成和发展；另一方面强调“集中”既可以保障党的决议有效地贯彻，又能克服无政府主义错误思潮的滋长和蔓延。

同时，中国共产党既一脉相承地坚持马克思主义、社会主义的政治立场，又与时俱进地适应新时代、新环境进行开拓创新。我们党是一个马克思主义指导下的创新型政党，马克思主义与时俱进的理论品质、先进的政党本质、党自身建设的价值取向，决定了中国共产党创新的特质。不断创新是巩固党长期执政地位的必然要求，我们党在长期的实践中，立足于各个历史时期，创造性地形成了新民主主义革命道路、社会主义改造道路、中国特色社会主义建设道路。特别是中国共产党以这三条独具特色的道路为主线，凝聚着许多创新点，实现了马克思主义中国化两次本质上的飞跃，构建起涵盖经济、政治、文化、社会等治国理政各方面的创新体系。同时，中国共产党创新的历史传统还表现在对执政理论的不断创新之中，创新型政党的必要因素在于有创新活力、与时俱进的理论。邓小平指出，老祖宗不能丢，但要敢于说“老祖宗没有说过的话”，敢于说“新话”[①]。我们党不少领导人都提出了应对任期内重大问题的创新理论，从毛泽东思想、邓小平理论、“三个代表”重要思想、科学发展观到习近平新时代中国特色社会主义思想，反映了各位领导人对理论创新的深刻感悟，从而在历史实践中发扬和延续着党的创新传统。另外，我们党的民主集中制保障了创新从理论到实践的深化与转变，克服了创新推广过程中所遇到的各种阻碍与困难，上下一心，共同推动了创新事业的发展。中国共产党理论和实践的历史表明，始终坚持创新不仅是中国共产党可以肩负重大历史使命的关键原因，也是其凝聚人心、团结社会各方的成功经验。

四、尊重规律，明确目标

马克思主义揭示了人类社会发展的普遍规律。它从资本主义生产方式及其生产关系和交换关系中分析出资本主义的内在矛盾，即生产社会化与生产资料私人占有之间的矛盾，指出社会主义最终必然战胜资本主义是人类社会发展的历史趋势，社会主义的胜利和资本主义的灭亡同样是不可避免的。然而，社会发展的客观规律性与自然界发展的客观规律性是有区别的。自然界的客观规律不需要人的意识的参与而自发地起作用，但社会发展的客观规律则是在人的意识的参与下起作用的。所以，从新民主主义革命、三大改造到社会主义建设，我们党不断地向广大人民群众宣扬社会主义和共产主义的主要思想，并努力地在实践中探索社会发展规律、掌握历史演变规律，从而更为科学精准地制定党的路线和政策，避免盲目，走向胜利。从党的历史经验来看，我们党在把握人类社会发展一般规律的基础上，探索中国社会发展规律的特殊性。由于中国与其他国家不同的特殊国情，中国形成了独具特色的经济基础和生产结构，进而导致了不同的上层建筑及其与经济基础的特殊关系，从而产生了中国社会发展的特殊规律。同时，中国共产党在面临社会发展和历史演变的重大挑战和苦难时，积极地认识这种战略变化的客观必然性，

---

① 邓小平．邓小平文选：第 3 卷．北京：人民出版社，1993：91.

能够精准把握好社会关系演变的特点，保持战略清醒和战略定力。在当今面对全面深化改革的重大考验时，习近平同志指出，我国经济发展已经进入新常态，如何适应和引领新常态，我们的认识和实践刚刚起步，有的方面还没有破题，需要广泛探索。关键是要保持战略定力，应势而谋，深入研究管用的措施和办法。战略定力归根到底源于各级领导干部对社会和地区发展本质及发展规律的把握，我们党只有自觉地把理论学习与实践活动、把改造客观世界与改造主观世界很好地结合起来，才能把理论转化为牢固确立科学世界观和方法论的思想力量，持续深化对中国特色社会主义的认识，不断增强道路自信、理论自信、制度自信、文化自信，把中国特色社会主义伟大事业稳步推向前进。

中国共产党执政内在的组织和制度优势不仅解决了中国人的温饱问题，而且极大地推进了中国经济社会的发展。中国共产党作为有 13 亿多人口的大国的执政党，肩负着艰巨的、复杂的历史使命，在新历史特点表现较为显著的新时期下，出现了部分时代和体制所带来的内源性和外源性矛盾，包括民主不健全、权力过于集中、“四风”盛行、权力异化和动摇党的基本路线等风险。然而一些人较多看到中国共产党执政的所谓“弊端”，却忽视中国共产党执政的上述独特优势。从党的历史发展来看，有困难、有风险并不可怕，在面临重大历史挫折时，中国共产党历来表现出强大的生命力，而且我们党具有战胜任何社会和历史困难的自信、定力和能力。只要我们党遵循社会发展规律，把握当前历史特点，就一定能够带领全国人民战胜当前来自各方面的内在或外在风险，引领中国特色社会主义事业取得更大的、更新的历史成就。

第 2 节　中国特色社会主义可以发展中国

中国道路表明，中国特色社会主义可以发展中国。中国特色社会主义，承载着几代中国共产党人的理想和探索，寄托着无数仁人志士的夙愿和期盼，凝聚着亿万人民的奋斗和牺牲，是近代以来中国社会发展的必然选择，是发展中国、稳定中国的必由之路。改革开放以来我们取得一切成绩和进步的根本原因，归结起来就是：开辟了中国特色社会主义道路，形成了中国特色社会主义理论体系。中国特色社会主义是党和人民在长期实践中形成和发展起来的，具有很多既符合社会发展客观规律又符合时代特点和国家实际的独特优势。

一、注重实际，立足国情

中国特色社会主义理论的提出是邓小平坚持一切从实际出发、实事求是而结出的理论硕果。当前中国的最大国情、最大实际就是我们正处于并将长期处于社会主义初级阶段，在任何情况下都要牢牢把握这个最大国情，推进任何方面的改革发展都要牢牢立足这个最大实际。我们目前社会主义建设的阶段性特征不是马克思所提出的在资本主义高度发达基础上的社会主义，而是不全面、不成熟、不发达的社会主义，即部分马列政治经济学理论在这一时期和国情下不具备实践基础。面对社会生产力不发达，制度体系、社会结构不完善的矛盾和特点，中国特色社会主义就是以中国实践为出发点和立足点并根据“社会主义初级阶段”这一阶段性特征提出来的，坚持走社会主义市场经济的道路，将社会主义基本制度和市场经济相结合，在所有制上坚持以公有制为主体、多种所有制经济共同发展的基本经济制度。这种所有制结构，既突破了传统意义上的单一的社会主义公有制，又不同于建立在私有制基础上的混合所有制。这种所有制结构适合我国现阶段生产力发展的水平，具有中国特色。在分配制度上，我国实行的是以按劳分配为主体的、多种分配形式并存的分配制度。坚持以按劳分配为主体，体现了科学社会主义的基本原则；允许多种分配形式并存，确立劳动、资本、技术、管理等生产要素按贡献参与分配的原则，符合中国实际。在经济管理和运行机制上，我们要建立的是社会主义市场经济体制。社会主义市场经济是同社会主义基本制度结合在一起的，它既不同于过去的社会主义计划经济，又不同于资本主义市场经济。在社会主义条件下发展市场经济，是中国共产党人对马克思主义发展做出的历史性贡献，也体现了中国经济发展的鲜明特色[1]。改革开放以来，中国综合国力得到显著提升，人民生活水平不断提高，社会各项事业取得长足发展。改革开放的实践证明，中国特色社会主义制度完全符合中国实际，有利于推进社会主义事业的发展，我们必须坚持和完善。

二、一元主导，坚持原则

邓小平在改革开放初期就提出，计划经济不等于社会主义，市场经济不等于资本主义。中国特色社会主义既坚持了科学社会主义的基本原则，又根据我国实际和时代特征赋予其鲜明的中国特色，而且是在坚持四项基本原则和社会主义根本政治原则基础上产生和发展的，即坚持社会主义道路，坚持人民民主专政，坚持中国共产党的领导，坚持马克思列宁主义、毛泽东思想。所以，在当代中国，坚持中国特色社会主义道路，就是真正坚持社会主义。邓小平在经过长期深思和实践之后，对社会主义本质进行了创造性的概括，即"社会主义的本质，是解放生产力，发展生产力，消灭剥削，消除两极分化，最终达到共同富裕"[2]。这一概括是在坚持社会主义重大原则基础之上辩证地提出来的，发展和深化了关于社会主义本质的理论，把我们对科学社会主义的认识提到一个新的高度。时至今日，我们党对社会主义的认识也在不断发展。同时，习近平指出，中国共产党的领导是中国特色社会主义最本质的特征。这句话深刻揭示了党的领导不仅是中国特色社会主义内在规定的应有之义，而且是中国特色社会主义内在规定中最内核、最根本的属性。之所以说党的领导是中国特色社会主义本质特征中最核心、最重要、最关键的特征，是因为其直接影响并决定着其他本质特征。中国特色社会主义本质特征体现在经济、政治、文化、社会、生态文明等各个领域，包括党的领导、解放和发展社会生产力、人民当家作主、共同富裕、社会公正、社会和谐等。其中，党的领导融入其他本质特征之中，并影响着其

---

① 秦宣．中国特色社会主义道路的科学内涵．思想理论教育导刊，2007（12）．

② 邓小平．邓小平文选：第3卷．北京：人民出版社，1993：373．

他本质特征。

三、二基结合，协调矛盾

“二基结合”以多赢共生、协调发展为目标，即在坚持中国特色社会主义的前提下，为矛盾双方指明方向，并协调双方的矛盾。中国特色社会主义发展的动力在于矛盾，承认矛盾的普遍性、客观性，就是要善于把认识和化解矛盾作为解决问题、打开工作局面的突破口。从唯物史观的角度看，物质资料的生产是人类社会存在和发展的前提，在物质生产过程中产生的生产关系与生产力的矛盾以及在此基础上所产生的上层建筑与经济基础的矛盾，就是贯穿人类社会始终的基本矛盾。党的十九大报告提出：“中国特色社会主义进入新时代，我国社会主要矛盾已经转化为人民日益增长的美好生活需要和不平衡不充分的发展之间的矛盾。”① 由于这一主要矛盾不是对抗性矛盾，而是非对抗性矛盾，所以协调矛盾和将矛盾转化为动力的关键在于和谐。党的十七大报告指出：“社会和谐是中国特色社会主义的本质属性。”面对发展不平衡不充分的主要矛盾，党中央基于构建社会主义和谐社会的视角，通过改革和创新，提出了一系列解决社会矛盾冲突的统筹兼顾的政治策略。在此之上，中国特色社会主义的建设着重把握两个基本方面，一是必须坚持用发展的办法解决前进中所出现的问题，二是必须以改革促进和谐、以发展巩固和谐、以稳定保障和谐。总而言之，构建社会主义和谐社会是随着经济、政治、文化的发展而不断推进的历史过程，将贯穿于社会主义社会的整个历史阶段。新世纪新阶段，我们面临的发展机遇前所未有，面对的挑战也前所未有，我们党要始终保持清醒头脑，居安思危，更加积极主动地正视矛盾、化解矛盾，最大限度地增加和谐因素，最大限度地减少不和谐因素，在经济社会发展的基础上处理和解决好一系列社会矛盾，不断促进社会和谐。

---

① 习近平. 决胜全面建成小康社会　夺取新时代中国特色社会主义伟大胜利——在中国共产党第十九次全国代表大会上的报告. 北京：人民出版社，2017：11.

四、自主创新，全面进步

中国特色社会主义坚持以经济建设为中心推动社会的全面进步，逐步形成了各尽所能、各得其所、和谐相处的建设和发展局面。社会活力和劳动者的积极性，是社会发展的源泉与动力，是社会和谐的基础和条件。形成各尽所能、各得其所、和谐相处的建设和发展局面，有利于激发社会活力，调动一切积极因素。建设和发展中国特色社会主义的过程，实际上是一切积极因素得到最广泛最充分调动的过程，是各方面的积极性、主动性、创造性得以发挥，创造活力不断增强的过程①。近代以来，人类社会经历了四次科技革命，每次科技革命都催生出一个伟大的创新时代。当今以信息技术为核心的第四次科技革命（世界新科技革命）正推动着知识经济的崛起。科技创新是推动社会主义发展的根本动力，生产力是人类社会发展的最终决定力量。20 世纪 80 年代，邓小平深刻地阐明了“科学技术是第一生产力”的道理，说道：“马克思说过，科学技术是生产力，事实证明这话讲得很对。依我看，科学技术是第一生产力。”② 不内含“第一生产力”的社会主义是“不合格”的社会主义，中国必须“发展高科技，实现产业化”，必须解决好科技与经济体制改革二者相结合的问题及科技创新问题。党的十九大报告明确指出：“创新是引领发展的第一动力，是建设现代化经济体系的战略支撑。”建设中国特色社会主义，就是以所有制结构的创新为起点，不断建立健全有关法律法规，完善科技开发计划，促进科技创新要素和其他社会生产要素有机结合，努力探索广泛、多层次的创新合作机制，使人民群众的思想道德素质和科学文化素质得到显著提高，为经济和社会全面进步提供强大的精神动力和智力支持。创新是一个较为复杂的系统性工程，涉及科技体制、教育体制、企业制度等事关人才和科研的各个领域。中国特色社会主义建设大力推进了理论创新、制度创新、科技创新，使国家

---

① 秦刚．中国特色社会主义道路的创新性及其国际意义．当代世界与社会主义，2008（4）．

② 邓小平．邓小平文选：第 3 卷．北京：人民出版社，1993：274．

创新体系得到了进一步的完善，把中华儿女的自主创新能力体现到了国家和社会发展的各个行业和领域。

五、坚持原则，灵活发展

中国特色社会主义的建设，首先要坚持原则性，即坚持四项基本原则和中国特色社会主义基本方略，不能改旗易帜，要坚决维护广大人民群众的根本利益，坚定实现中华民族伟大复兴的战略目标。同时，我们应看到灵活性对建设中国特色社会主义的重要性。不讲灵活性，中国特色社会主义就会失去生机与活力，就不能发挥应有的作用。马克思主义提供的不是现成的教条，而是进一步研究的出发点和供这种研究使用的方法。马克思和恩格斯在对未来社会进行科学预测时，从未规定过一种一成不变的模式，也没有回答不同国家的社会主义发展路径、方式和特色，而是期待各国共产党人自己的创造。因此，只有把科学社会主义的理论一般变成理论具体，寻找科学社会主义在各国的实现形式、现实形式，才能真正发挥科学理论的指导功能。在坚持实事求是、解放思想的基础上，中国特色社会主义建设应大胆吸收和借鉴人类社会创造的一切文明成果，吸收和借鉴世界各国包括资本主义发达国家的一切反映现代化生产规律的先进经营方式、管理方法。特别是要把握中国特色社会主义的特色所在。中国特色社会主义特就特在其道路、理论体系、制度上，特就特在其实现途径、行动指南、根本保障的内在联系上，特就特在它们统一于中国特色社会主义伟大实践上。原则性和灵活性的统一在于坚持政治原则的同时进行改革创新，这样才能有效地化解在社会主义建设过程中出现的矛盾和问题。改革创新是社会主义社会基本矛盾运动的客观要求，是一切在不改变社会根本制度的前提下，以和平的方式调整生产关系和上层建筑以适应生产力发展的性质、水平和要求的变革。改革创新是解决社会基本矛盾的根本方法，也是推动中国特色社会主义发展的直接动力。

六、以人为本，发展经济

我国现阶段的主要矛盾是人民日益增长的美好生活需要和不平衡不

充分的发展之间的矛盾。党中央审时度势，进行改革开放，建立了社会主义市场经济，确立了以公有制为主体、多种所有制经济共同发展的基本经济制度，继而树立了以人为本的科学发展观和以人民为中心的发展思想，把人作为价值的核心和社会的本位，把人的生存和发展作为社会发展最高的价值目标，调动了广大人民群众的积极性，使马克思主义人本观念得到重大提升。我们党之所以能够领导人民取得革命、建设和改革的一个又一个胜利，之所以能够经受住各种风险的考验，一个重要的原因就是把一切可以团结的力量团结起来，把最广大人民的积极性、主动性和创造性充分发挥出来。人民群众是社会物质生产的主体，也由此最终成为推动社会发展的决定性力量，成为历史的创造者。他们的物质生产和生活实践是一切精神财富形成和发展的源泉。

七、“四个全面”，引领复兴

“四个全面”战略布局，是坚持和发展中国特色社会主义道路、理论、制度的战略抓手。协调推进“四个全面”战略布局是从坚持和发展中国特色社会主义全局出发提出来的，是从我国发展现实需要中得出来的，是从人民群众热切期待中得出来的，也是为推动解决我们面临的突出矛盾和问题提出来的。对于实现中国梦而言，“四个全面”战略布局有重大的历史意义。全面建成小康社会是基础：全面建成小康社会是实现中国梦的阶段性目标，为坚持和发展中国特色社会主义注入新内涵，充分体现了我们党的责任担当和使命追求，是新一届中央领导集体对全体人民的庄严承诺；全面深化改革是动力：解决我国发展面临的一系列突出矛盾和问题，实现经济社会持续健康发展，不断改善人民生活，要求全面深化改革；全面依法治国是支撑：全面依法治国是坚持和发展中国特色社会主义的本质要求和重要保障，是实现国家治理体系和治理能力现代化的必然要求；全面从严治党是关键：它不仅对全面建成小康社会、全面深化改革、全面依法治国发挥政治保证、组织保证作用，而且是实现中国梦的关键所在。实现中国梦离不开“四个全面”战略布局提供的坚实基础和强大动力，而协调推进“四个全面”离不开实现中国梦的价值引领和目标指向。“四个全面”坚持“问题导向”和“科学思维”，呈现出理论逻辑、实践逻辑和历史逻辑的辩证统一，丰富了对社会主义发展规律、改革开放和现代化建设规律、马克思主义执政党建设规律的认识，是引领实现中国梦的战略布局。

中国特色社会主义道路是实现社会主义现代化的必由之路，是创造人民美好生活的必由之路。中国特色社会主义理论体系是指导党和人民沿着中国特色社会主义道路实现中华民族伟大复兴的正确理论，是立于时代前沿、与时俱进的科学理论。中国特色社会主义制度是当代中国发展进步的根本制度保障，是具有鲜明中国特色、明显制度优势、强大自我完善能力的先进制度。

第 3 节　改革开放是发展中国家走向现代化的根本动力和重要法宝

中国道路表明，改革开放是发展中国家走向现代化并追赶西方发展水平的根本动力和重要法宝。发展中国家所要实现的现代化目标很宏伟远大。然而，实现这种目标却遇到了种种体制机制弊端和陈旧落后的思想观念之阻碍。只有不断改革这些体制机制和破除这些思想观念，才能顺利走上现代化发展之路。中国共产党人担负着通过改革开放，使社会主义从困境中走出来，开创社会主义现代化建设新局面的历史重任，而要完成这一历史重任，首要的是回答在经济文化比较落后的中国“什么是社会主义，怎样建设社会主义”的问题。邓小平指出：“现在我们搞经济改革，仍然要坚持社会主义道路，……但问题是什么是社会主义，如何建设社会主义。我们的经验教训有许多条，最重要的一条，就是要搞清楚这个问题。”[①] 而要搞清楚这个问题，就要抛弃禁锢头脑的思想束缚，抛弃沉重的历史包袱和思想包袱，彻底解放思想。粉碎“四人帮”

① 邓小平．邓小平文选：第 3 卷．北京：人民出版社，1993：116.

以后，广大群众强烈要求纠正过去“左”的思想路线和政治路线。然而“两个凡是”的错误主张仍束缚了人们的思想，压制了人民群众要求拨乱反正的积极性。邓小平提出了“解放思想，实事求是，团结一致向前看”的正确主张，发动了“实践是检验真理的唯一标准”的大讨论，解放了人们被束缚已久的思想，恢复了实事求是的思想路线，进行了理论上和路线上的拨乱反正，确定了以经济建设为中心，坚持改革开放，坚持四项基本原则的党的基本路线。苏东剧变后，社会主义遭到前所未有的严重挑战。社会主义到底该如何发展一时成为社会热点问题，来自“左”和“右”两方面的观点在中国社会引起激烈讨论。在这个关键时刻，邓小平同志明确指出，坚持党的基本路线一百年不动摇。不坚持社会主义，不改革开放，不改善人民生活水平，只有死路一条。邓小平的南方谈话，尤其是关于“三个有利于”的判断标准，进一步解放了党员干部和人民群众的思想，推动了改革开放的历史步伐，加快了中国特色社会主义的历史进程。邓小平对于改革开放战略的实施，主要有两点考虑。第一点是全球化时代的大背景。根据其提出的“三步走”总体战略部署，到 21 世纪中叶，人民生活比较富裕，基本实现现代化，人均国民生产总值达到中等发达国家水平，人民过上比较富裕的生活，我国必须积极推动改革开放政策，参与全球国际分工、要素流动和产业转移，为我国现代化工业发展提供大量的外资和技术。第二点是结合实际国情。20 世纪末我国劳动力资源较为丰富，总体供给大于需求，然而经济基础和科学技术基础很薄弱，中国若想在竞争激烈的国际背景下快速发展、力争上游，就必须加强与世界各国的贸易合作和技术交流。从 40 年的经济发展可以看出，改革开放使中国现代化建设突破了原有的体制束缚，为现代化提供了广阔的发展空间，加快了社会主义现代化的进程。经济上改变了原有的高度集中的计划经济运行方式，把市场经济这一人类社会共有的调节经济运行的有效形式逐渐导入中国经济结构中，中国实现了从传统的计划经济向社会主义市场经济的转变，极大地解放和发展了社会生产力。实践证明：改革开放后建立的社会主义市场经济体制既能发挥社会主义制度的优越性，又能发挥市场经济的活力；既大胆借鉴了西方发达国家搞市场经济的成功经验，又避免了资本主义市场经济的痼疾。党的十四届三中全会通过的《中共中央关于建立社会主义市场经济体制若干问题的决定》把十四大确定的目标、要求和原则等加以系统化、具体化，构建了社会主义市场经济体制的基本框架。“社会主义市场经济”这一概念，来自邓小平理论指导下以市场为取向的改革开放的实践，特别是来自邓小平南方谈话后改革开放新的实践经验。

改革开放 40 年来，围绕着“什么是社会主义，怎样建设社会主义”这一首要的基本问题，中国共产党和中国人民进行了一场深入的真理标准大讨论。从历史唯物主义角度看，社会主义是一个需要不断发展、不断改革、不断完善的社会。生产力和生产关系、经济基础和上层建筑的矛盾运动是社会发展的根本动力。随着生产力的发展，原来由它所建立并同它相适应的生产关系，变得越来越不能适应，以至于不能继续保持其相对稳定的状态。在这种情况下，生产关系就不得不进行变革，以新的适合生产力发展状况的生产关系来代替旧有的生产关系。改革开放是社会主义发展的基本形式，也是社会主义发展的内在动力。社会主义作为人类社会发展史上一个崭新的发展阶段，同人类社会发展史上一切其他发展阶段一样，需要不断地发展和完善。改革开放以来的事实证明，只有改革，才能进一步解放和发展社会生产力；只有改革，才能建立和发展马克思主义基本原理与各国具体实际相结合的社会主义；只有改革，才能发展社会主义。

中国道路表明，正确把握现代化发展进程中改革发展稳定的关系、政府市场社会的关系，对解决发展问题尤为重要。解决我国发展不平衡不充分的矛盾，需要利用市场经济和市场机制的力量，且动力机制尤为重要；要发展就必须进行改革，即破除阻碍发展的体制机制障碍，建立良好的治理机制，这时，转变政府职能并更好发挥政府的力量非常重要。在计划经济年代，政府几乎垄断了全社会所有的资源，主要依靠行政性、指令性计划组织、指挥生产，管理其他一切社会事务，成为对经济和社会生活无所不包、无所不管的“全能型”政府。长期以来，政府管了一些不该管、管不好、本应发挥各种社会力量来分担的事情，导致经济发展滞后，社会简单划一，人民生活没有得到改善。改革开放以后，为适应市场取向改革的要求，国家曾多次进行政府机构改革，如实行政企分开（实际上应是分工），所有权与经营权分离，由直接管理方式转向间接管理方式，由单纯行政手段转向主要运用经济、法律手段等，并取得初步成效。但是，由于长期以来主要靠投资拉动的粗放型经济发展方式尚未根本转变，地方政府片面追求 GDP 增长的投资冲动难以遏制，以至于在发展经济的同时，造成重复建设、资源浪费、环境恶化、效益低下等严重问题；市场经济秩序很不规范，虽然减少了行政审批事项和放宽了市场准入管制，但未能有效解决部门之间相互分割的利益驱动问题，各主管部门对市场和企业的行政干预仍不同程度地存在，这抑制了市场配置资源作用的发挥；一些垄断性行业的资源独享和超额利润、商业贿赂与官员寻租，造成市场竞争中机会不平等，市场主体的权益受到侵犯；市场的优胜劣汰机制一方面使资源得到优化配置，另一方面也造成社会成员收入差距拉大，企业破产连带职工下岗，就业压力增大，弱势群体困难加重，地区发展不平衡，进而导致社会公平公正问题日益突出。这些情况表明，在经济持续快速发展的同时，社会协调机制方面遇到了难题和新的挑战[①]。

在改革发展过程中，尤其是我国相对发展起来以后，社会进入表达诉求、矛盾多发期，稳定问题凸显出来。这时，通过建立并发挥平衡机制以及积极发挥社会参与的力量就显得十分重要。所以，在实现现代化进程中，我国正确把握了改革发展稳定的关系以及政府市场社会的关系，充分发挥好动力机制、平衡机制和治理机制并使三种机制达到协调、配合，从而使中国获得快速发展。实际上，中国提出的计划与市场相结合、市场经济与社会主义相结合、“看得见的手”与“看不见的手”相结合的理论和实践，就是对当今世界包括广大发展中国家寻求经济发展道路的重要贡献。在实际经济发展中，凯恩斯宏观经济学早已指出市场机制并不是万能的。垄断的存在、信息不对称、非营利的公共产品领域会导致市场机制运转失灵。市场机制本身也会造成收入分配不公、经济波动等市场缺陷。弥补市场失效及其缺陷，正是政府应当介入和发挥作用的领域，即“效率由市场去实现，公平由政府来安排”。实际上，在中国 40 年的改革之中，政府主导与市场化始终并存。政府主导可能兼顾公平，但效率难以保证；市场化效率优先，公平难以体现，以致出现公共领域建设的缺失。所以社会主义市场经济的建设，既要引入市场机制，又要坚持政府主导，二者兼具才能维系经济长期的健康发展和社会基本稳定。随着中国经济社会的转型发展，发挥市场主体作用的同时，如何发挥好政府作用就成为日益突出的现实问题。过去没有对准经济社会转型中利益格局变化这个切入点，政府体制改革缺乏外在压力和内在动力，以至于不能摆脱精简与膨胀的循环。显然，以往单一偏重发展经济的状况，已不能适应经济、社会双重转型的内在需要了。为了根本解决政府职能“错位”“越位”“缺位”的问题，党的十九大报告提出要加快完善社会主义市场经济体制，并指出：“经济体制改革必须以完善产权制度和要素市场化配置为重点，实现产权有效激励、要素自由流

① 庞松. 改革开放与中国经济社会向现代化转型的互动. 中共党史研究，2008 (6).

动、价格反应灵活、竞争公平有序、企业优胜劣汰。”① 这就要求更准确界定现阶段经济体制改革的背景，深刻认识理顺政府与市场关系在经济体制改革中的重要性，从而在新形势下通过理顺政府与市场关系全面深化经济体制改革。现阶段，我国处于完善社会主义市场经济体制的时代，这一阶段经济社会发展中的不平衡、不协调、不可持续问题较为突出，这些问题亟须通过深化经济体制改革来加以解决。完善社会主义市场经济体制是改革目标，深化经济体制改革是完善社会主义市场经济体制的方法，理顺政府与市场之间的关系是深化经济体制改革的核心。在这一逐层递进的总体思路下，理顺政府与市场关系在深化经济体制改革、完善社会主义市场经济体制的历史性任务中居于核心地位。由此可见，理顺政府与市场关系是深化经济体制改革的核心和内在要求，对于完善社会主义市场经济体制具有重要意义。在处理政府和市场关系中，需要注意三个方面。一是要明确认识两者各自的界限、功能和长处，使它们在不同社会经济层次、不同领域发挥应有作用，都不越位、错位。二是要充分发挥两者的功能作用，“两只手”都要用，并有效配合。反之，市场作用的正面效能就会下降，负面作用就会扩大；同样，政府的正效能也会下降，政府形象和公信力也会受到伤害，甚至造成重大经济损失。因此，两者不可偏废。三是政府和市场应当有机结合，政府应尊重市场经济规律，自觉按经济规律办事，市场要在政府引导、监管和制度规范下运行。只有这样，才能实现政府与市场各自长处的充分发挥以及两者之间的良性互动。为此，必须遵循党的十八届三中全会精神和党的十九大精神，按照“使市场在资源配置中起决定性作用”和“更好发挥政府作用”的要求，全面深化改革特别是经济体制、行政体制改革。至关重要的是抓好以下几个方面的改革：一是推进市场化改革，加快完善现代市场体系；二是坚持和完善基本经济制度，着力深化企业改革；三是加快政府自身改革，全面准确履行政府职能。处理好政府和市场关系的意义更重大，难度也更大，更需要研

---

① 习近平. 决胜全面建成小康社会　夺取新时代中国特色社会主义伟大胜利——在中国共产党第十九次全国代表大会上的报告. 北京：人民出版社，2017：33.

究解决一系列特殊的复杂问题，更需要推进理论创新和实践创新，更需要努力把握和运用改革规律，以更好地推动国家和人民事业的发展①。

政府和市场关系既是经济体制改革的核心问题，也是涉及全面改革的关键问题。这两者关系的理顺和调整，关联着生产关系和经济基础的变化，也势必关联着上层建筑领域的某些环节和方面。社会主义市场经济的改革必然会涉及其他各方面改革，各方面改革要与之相协调、相适应，必须把坚持社会主义市场经济改革方向贯穿到政治体制、文化体制、社会体制、生态文明体制等各方面体制机制改革之中，推动各方面改革围绕完善社会主义市场经济体制的目标来展开、来推进。

第 4 节　中国发展本身就是对世界的发展性贡献

中国发展本身就是对世界的一种发展性贡献。中国的发展，既为整个世界贡献了诸多低成本的日常生活消费品和高技术含量的中国制造产品，如在世界许多国家，我们都可以看到由中国生产的日常生活消费品，中国的高铁走出去也是为世界所做的贡献；又拓宽了世界在中国的市场发展空间，如航空、汽车、手机、电脑、电视等领域的市场拓展；也为发达国家的资本获取更多利润提供了机会；还能使一些国家共享中国发展的成果，如中国实施的“一带一路”合作倡议，就可以使沿带沿路、沿途沿线的国家从中受益。中国已成为世界最大贸易国，如果继续保持这个势头，中国将为世界提供巨大市场。因而，把中国发展的事情做好，就是对世界发展的最大贡献。

20 世纪 80 年代以来，伴随着经济全球化浪潮的迅速推进，中国经济保持了长期较快增长势头，在全球经济中的地位持续上升。2008 年国际金融危机爆发，进一步加快了世界经济格局大调整进程。受财政和债

① 魏礼群．正确认识与处理政府和市场关系．全球化，2014（4）．

务危机的拖累，主要发达国家经济复苏缓慢，全球影响力明显下降，新兴经济体的崛起面临重要机遇。中国经济在明显高于全球平均水平的稳定增长中实现新的突破，GDP总量跃升全球第二，成为拉动世界经济增长的主要力量。中国发展对世界经济的影响日趋凸显。新时期，面对错综复杂、竞争激烈的国际经济环境和发展进程中不断出现的问题、矛盾与挑战，为了提高中国发展水平和质量，为世界发展贡献更多能量，中国需要准确把握和调整自身在未来世界经济中的战略定位，科学谋划和制定面向未来的国际化战略。

一、持续发展，稳居前列

党的十九大报告指出，我国“经济保持中高速增长，在世界主要国家中名列前茅，国内生产总值从五十四万亿元增长到八十万亿元，稳居世界第二，对世界经济增长贡献率超过百分之三十”①。中国经济持续稳定快速发展，有力地推动了世界经济的稳定发展。1978年我国在全球经济中所占的份额仅为1.8%，到2000年提高到3.7%，而到2014年这一比重进一步提高到13.3%，比进入新世纪时提高近10个百分点。2010年，中国宣布GDP总量超过日本成为世界第二大经济体（而根据世界银行后来公布的数据，实际上在2009年中国按汇率法计算的GDP已超过日本），而现在中国的经济规模已达日本的两倍以上②。中国已成为全球最重要的经济大国之一。2013年，在世界经济复苏缓慢、全球经济增长持续低迷的背景下，中国经济仍然保持了较高的增长水平，经济总量跃上新的台阶。中国经济的快速发展为世界各国和地区提供了一个巨大的市场。首先，由于经济稳步增长，中国国内的进口需求十分旺盛。中国巨额的进口为世界各国创造了大量的就业机会。近年来，中国进一步开放，为世界各国和地区对华输出商品和劳务、转让技术和投资提供了更多更大的机会。其次，有效地增加了中国物美价廉的商品和优质服务

① 习近平. 决胜全面建成小康社会 夺取新时代中国特色社会主义伟大胜利——在中国共产党第十九次全国代表大会上的报告. 北京：人民出版社，2017：3.

② 刘伟，蔡志洲. 从主要经济体的比较看中国经济增长. 经济纵横，2016（1）.

供给，使全世界的消费者得到了实惠。中国作为世界制造大国的地位不仅表现为制造业占全球比重的迅速提升，而且也表现在中国制造业增长成为拉动全球制造业增长的主要力量等方面。1995—2010 年，全球 GDP 和制造业增加值分别累计增长了 52.4%、58.1%；其中，制造业增加值中有 18.0 个百分点来自中国的贡献。由于在劳动力、资本、技术、市场、经济发展水平、资源结构上存在着很大差异，中国经济与许多发达国家及发展中国家经济之间具有很强的互补性，中国生产的商品往往因为生产成本更低而更便宜，受到了全世界消费者的欢迎，这些年来中国制造的商品能够源源不断地销往发达国家和地区就是一个很好的证明。“中国制造”已成为国际社会关注最多的话题①。而且“一带一路”和亚洲基础设施投资银行等战略性项目的实施，进一步促进了中国发展对世界的整体贡献。最后，中国日益增大的外汇储备及对外投资是世界经济稳定增长的重要因素。2015 年末国家外汇储备 33 304 亿美元，稳居世界第一。外汇储备既是一国经济稳定与否的保证，同时也是一国对外投资能力的重要指标。巨大的外汇储备无疑是中国对外投资稳步增长的强有力的保证，而且也将为世界经济的稳定增长做出贡献。同时，党的十八大以来，习近平总书记不断对扶贫工作提出新要求、新思路，大力推进减贫事业，取得了较为显著的成果。截至 2015 年，中国 6 亿多人摆脱贫困，成为全球最早实现千年发展目标中减贫目标的发展中国家。2013 年至 2016 年，每年中国农村贫困人口减少数量都超过 1 000 万，累计脱贫 5 564 万人；贫困发生率从 2012 年底的 10.2%下降到 2016 年底的 4.5%，下降 5.7 个百分点。党的十九大报告指出：“脱贫攻坚战取得决定性进展，六千多万贫困人口稳定脱贫，贫困发生率从百分之十点二下降到百分之四以下。”② 贫困地区农村居民收入增幅明显超过全国平均水平，贫困群众生活水平明显提高，贫困地区面貌明显改

① 《中国发展对世界经济的影响》课题组. 中国发展对世界经济的影响. 管理世界，2014 (10).

② 习近平. 决胜全面建成小康社会　夺取新时代中国特色社会主义伟大胜利——在中国共产党第十九次全国代表大会上的报告. 北京：人民出版社，2017：5.

善。值得称道的是，中国在致力于消除本国贫困的同时，积极支持和帮助广大发展中国家消除贫困。党的十八大以来，中国更是加大了对发展中国家的支持力度。据统计，1950 年至 2016 年，中国累计对外提供援款 4 000 多亿元人民币，实施多类援外项目 5 000 多个，其中成套项目近 3 000 个，举办了 11 000 多期培训班，为发展中国家在华培训多类人员 26 万多名①。中国自身的脱贫计划和援外项目为全球的脱贫事业做出了巨大贡献。

二、推动国际贸易发展

随着“一带一路”、亚洲基础设施投资银行等重大战略及项目不断深化，中国以不断提高的劳动生产率、较强的加工制造和产业配套能力，逐渐成为世界上大量商品的主要生产国和出口国。中国利用自身生产优势，部分地消化了生产要素价格的涨跌影响，起到了稳定世界经济、提高贸易国实际购买力的积极作用。

中国国际贸易的发展是世界贸易发展的重要组成部分。2015 年，在国际市场不景气、世界贸易深度下滑的背景下，中国货物贸易进出口和出口额稳居世界第一，国际市场份额进一步扩大，贸易结构持续优化，

---

① 刘得手. 中国是世界经济的稳定器和贡献者. 人民论坛，2017（12）.

质量效益继续提高，成绩来之不易。2015 年，中国货物贸易进出口总值 24.56 万亿元人民币。其中，出口 14.12 万亿元人民币，进口 10.44 万亿元人民币，贸易顺差 3.68 万亿元人民币。以美元计价，进出口总值 3.95 万亿美元。其中，出口 2.27 万亿美元，进口 1.68 万亿美元。国际市场份额继续扩大，尤其是中国对部分新兴经济体出口增长较快，其中对印度、泰国、越南出口分别增长 7.4%、11.6%和 3.9%①。综上所述，中国是国际贸易发展的重要推动力量。入世以来，中国政府积极履行各项承诺，做了大量工作，如加强法制建设，全面清理有关法律法规，初步建立起符合社会主义市场经济需要，符合世贸组织规则和国际惯例要求，统一、完备、透明的涉外经济法律体系。同时，中国的经济增长极大地提高了发展中国家在全球经济中的地位。回顾全球经济发展的历史，21 世纪以来，全球经济格局正在经历与过去不同的变化。20 世纪 60 年代到 80 年代前期，发达国家和发展中国家在全球经济中的比重基本保持稳定，发达国家 GDP 相当于发展中国家的 3～4 倍；20 世纪后 15 年，发达国家在全球经济中的比重上升幅度较大，由之前的低于 80%上升到接近 85%；而 21 世纪以来，在发展中国家尤其是中国经济高速增长的推动下，这一格局的变化出现了逆转，发展中国家比重开始快速上升，由之前的 18%左右上升到 2012 年的 31.8%，中国在全球经济中的比重也由 2000 年的 3.7%上升到 2012 年的 11.6%②。中国是一个发展中的大国，一贯致力于建立国际政治经济新秩序，中国融入世界经济体系后，必将为建立公正、合理、平等、互利的国际经济新秩序而努力，严格按照国际惯例和规则办事。中国政府在发达国家和发展中国家之间将起到某种桥梁作用，在解决发达国家和发展中国家利益冲突的问题上，将有条件发挥更为积极的作用。而且中国的经济增长，有利于世界经济格局向着有利于发展中国家转变，中国的崛起不仅将改变大国力量对比，促进世界多极化进程，还会壮大发展中国家的力量，使发展

---

① 以上数据参见中华人民共和国商务部发布的《2015 年中国对外贸易发展情况》。

② 《中国发展对世界经济的影响》课题组. 中国发展对世界经济的影响. 管理世界，2014（10）.

中国家在国际社会中享有更大的发言权。

习近平同志指出，中国梦不仅造福中国人民，而且造福各国人民。“穷则独善其身，达则兼善天下”，这是中华民族始终崇尚的品德。作为一个拥有13亿多人口的发展中大国，中国一心一意办好自己的事情，实现国家发展和稳定，本身就是对世界的巨大贡献。同时，中国发展对世界各国是重要机遇。中国正在加快推进新型工业化、信息化、城镇化、农业现代化，新的经济增长点将不断涌现。这将为国际和地区伙伴提供更广阔的市场、更充足的资本、更丰富的产品、更宝贵的合作契机。这对世界经济发展无疑是重大利好。中国的发展，是世界和平力量的壮大，是传递友谊的正能量。历史将证明，实现中国梦给世界带来的是机遇不是威胁，是和平不是动荡，是进步不是倒退。随着国力不断增强，中国将进一步发挥负责任大国的作用，在力所能及的范围内承担更多国际责任和义务，为人类和平与发展的崇高事业做出更大贡献。在进入新世纪以来的16年里，中国加入了世界贸易组织，倡导成立了上海合作组织，积极建立中美新型大国关系，建立了中俄战略伙伴关系，以及举办了中非、中阿、中拉等合作论坛，特别是落实了“一带一路”的美好愿景，成立了亚洲基础设施投资银行，倡导“人类命运共同体”的国际战略思维，可见中国正在朝着为世界做出更大贡献的方向快速前进。中国在为世界各国提供丰富物质产品的同时，将努力为人类贡献更多的思想和精神财富。中国一定会承担更多的国际社会责任，这不仅是国际社会的期待，而且符合中国的发展与利益。这是中国对世界发展大势的深刻理解，也是中国对世界的庄严承诺。

三、构建人类命运共同体

20世纪著名历史学家汤因比曾指出，如果中国能够在社会和经济的战略选择方面开辟出一条新路，那么就会证明自己有能力给全世界提供中国与世界都需要的礼物。当今“如果”已经成真，中国果真蹚出了一条新路。其提供给中国与世界的“礼物”，就是习近平总书记提出的构建人类命运共同体论。

（一）西方文明难以破解当今世界困局

在人类文明发展长河中，就文明对世界的影响力而言，从欧洲发轫的西方文明尤为耀眼。从启蒙时代到现代的 300 多年，世界在西方文明主导下，社会生产力发展远远超过了以往人类历史发展的总和。然而，自进入 21 世纪，西方文明开始备受挑战，2008 年国际金融危机爆发，更是把世界推入乱象丛生的境地。

当今世界，人类面临诸如经济长期低迷、贫富差距拉大、经济危机和金融危机加深、军备竞赛和核竞赛升级、战争危险加剧、恐怖事件频发、资源枯竭、环境恶化等困扰人类生存与发展的一系列全球性难题。习近平总书记指出，当今世界经济存在的三大突出矛盾都未得到有效解决：一是全球增长动能不足，难以支撑世界经济持续稳定增长；二是全球经济治理滞后，难以适应世界经济新变化；三是全球发展失衡，难以满足人们对美好生活的期待。这意味着影响世界发展的动力、治理、平衡三大根本机制出了问题。其深层根源，是西方文明的逻辑出了问题。

“西方中心论”是西方文明的逻辑起点，这是导致世界困局的理论根源。“西方中心论”奉行“一元论”“主客二分”的哲学思维，即西方世界是“主”、非西方世界是“客”，西方世界是“我族”、非西方世界是“异类”，西方世界是“先生”、非西方世界是“学生”。它标榜西方价值的普世性和西方道路的唯一性，认为西方文明是人类真正的文明，西方标准就是世界标准，非西方世界应向西方世界看齐。在这种逻辑中，“客随主便”“我族歧视异类”“先生教训学生”自然是西方认为情理之中的事。西方列强主宰和分割世界的威斯特伐利亚体系，就是这种逻辑的产物。按照这种逻辑，某些国家强推“普世价值”、借助武力输出“颜色革命”、出兵干涉主权国家内政这些闹剧，都是所谓“名正言顺”的“正义之举”。而事实上，西方文明蕴含着“对立”“对抗”的基因，世界因此被切割成相互冲突的对立体。如此，国际秩序很难持续下去。

自由主义是西方文明的精神支柱，这是导致世界困局的人性根源。

自由主义主张个人利益和自由最大化，鼓吹私有制，倡导“市场万能”和“民主神话”，纵容物欲横流的消费主义，注重弱肉强食的丛林法则。世界著名物理学家霍金指出：整个世界尤其是西方世界长期处于机械唯物主义观念的掌控之中，它只相信世界是物质的，只看得见有形的物质，只追求物质和物质享受。在西方文明的牵引下，人类几乎走上了一条追求物质享受的不归路。值得警醒的是，西方鼓吹的“民主神话”在世界各地正在破灭，“市场万能”的梦想屡被“市场失灵”的现实所击破，流行多时的新自由主义夕阳西下，它有添乱之嫌而无治乱之力。国际金融危机的后遗症、局部战乱的升级、世界贫困人口的急剧增加，都标志着西方文明已深陷危机。

资本扩张是西方文明的行动旨趣，这是导致世界困局的制度根源。世界进入近代以来，资本就像脱缰的野马横行于世，推动资本主义从商业资本主义到垄断资本主义再到金融垄断资本主义的升级，直接或间接影响着世界的每一个角落，推动着人类社会的发展，同时也把世界带入险境。资本逐利、扩张和增殖的本性，使资本主义形成了以牺牲资源、环境、生态、人的发展以及发展中国家利益为代价的生产方式，形成了以金融霸权、文化霸权和军事霸权控制世界的统治方式，加剧了地区发展的不公平性、非均衡性和不可持续性，引发了资本主义制度体系下的结构性、累积性、依附性发展问题。特别是资本主义制度自身难以克服的矛盾，直接导致了以转移经济危机为目的的两次世界大战的爆发，冷战之后又相继爆发海湾战争、波黑内战、科索沃冲突、阿富汗战争、伊拉克战争、叙利亚战争。这些战争给人类社会带来了沉重灾难。

如此来看，作为始作俑者，西方文明难解当今世界困局，“西方中心论”“历史终结论”终要破产，人类呼唤新理论和新文明。

（二）中国向世界提出“构建人类命运共同体论”

习近平同志指出，时代是思想之母，实践是理论之源。我们不能辜负了中国特色社会主义的新时代。针对当前我国学术界缺乏学术自信、理论自信且在理论创新上存在某种“肌无力”的现象，习近平同志明确提出要构建“理论中的中国”。

在与西方交流交融交锋的过程中，“西方中心论”话语体系对我国学术界产生了较大影响，致使一些人在学术研究过程中出现了对西方学术的依赖，“耕了西方地，荒了中国田”，即对当代中国发展的现实逻辑与中国问题缺乏全面深入系统的研究，没有真正形成自己的概念范畴体系和表述体系，没有真正形成自己的学术体系和话语体系，没有真正构建起自己的具有原创性、标识性的核心理论。我们有让世界知道的“舌尖上的中国”，却没有构建起让世界知道的“理论中的中国”。

习近平同志指出，落后就要挨打，贫穷就要挨饿，失语就要挨骂。要真正解决挨骂问题，就必须加快构建中国特色哲学社会科学话语体系，构建“理论中的中国”，以有效提高主流意识形态话语权和国际话语权。要构建“理论中的中国”，最基本同时也是最核心的，就是要构建能为世界做出贡献的中国理论。习近平同志提出的构建人类命运共同体，就是在我国发展起来但还不发达、不强大的历史方位中提出的一种具有原创性和标识性且能为世界做出贡献的中国理论。

构建人类命运共同体论具有强烈的问题意识，既是针对国内因某些领域和方面公平正义供给不足、治理现代化相对滞后而产生的某种分化问题提出的，更是针对国际霸权主义横行而导致的全球创新动力不足、贫富差距扩大、全球治理滞后以及“三大赤字”（和平赤字、发展赤字、治理赤字）提出的。公平正义供给不足会导致社会创新乏力、利益分化并影响社会和谐稳定；治理现代化相对滞后会造成诸多难题得不到有效解决从而影响民族复兴；国际霸权主义横行会导致全球创新动力更加不足、贫富差距更加悬殊、全球治理更加滞后。这些问题不仅阻碍着实现社会主义现代化和中华民族伟大复兴的历史进程，而且会使整个世界陷入困境。习近平同志以大国担当的勇气和信心，既勇于破解国内难题，提出了以人民为中心的发展思想，又勇于担负起重建世界秩序的使命和责任，提出了构建人类命运共同体论这一具有战略意义和世界意义的理论。

构建人类命运共同体论强调世界既具有多样性又具有统一性，超越了西方的“一元论”，具有解决中国和世界难题的立论基础。人类社会、世界各国在历史、传统、文化、国情、制度等方面都具有差异性和多样性。同时，世界各国之间也具有统一性，即具有共同性，都要遵循社会历史发展规律，还对美好愿景具有共同追求。统一，是在承认和尊重世界多样性前提下的统一；多样，是统一性中的多样。强调统一不要忽视多样，强调多样也不要忽视统一。世界是多样性的统一，也是统一性的多样。这样来认识和把握世界，既有利于使世界充满活力，又有助于使世界达至和谐。如果只强调统一而不注重多样，就易走向霸权主义，只强调多样而不注重统一，就会导致世界的对立和分裂。习近平同志从多样中寻求共同，他所提出的构建人类命运共同体论既尊重世界差异性，又注重世界统一性。这就克服了“西方中心论”“历史终结论”只强调“一”而排斥“多”的方法论弊端。

构建人类命运共同体论强调平等包容，超越了西方“主体”统治“客体”的哲学思维。中华文明具有极大的包容性，能够将各种文明的优秀因子加以黏合，这是中华文明的独特优势。同时，中华文明富含讲仁爱、重民本、守诚信、崇正义、尚和合、求大同等优质基因，在修身、齐家、治国、平天下方面积累了丰富经验。这些优势、基因和经验不仅可以成为实现民族复兴、促进世界和平的战略资源，而且可以成为当今全球治理的独特资源，以除西方文明之弊。构建人类命运共同体论，重在强调平等包容、主权平等，而不是“主体”统治“客体”；主张和而不同、仇必和解，而不是居高临下、强加于人，甚至不惜诉诸武力；主张各国不分大小、强弱、贫富，都是国际社会平等的成员，提倡以和平合作、包容普惠的发展模式代替你输我赢、赢者通吃的发展模式。这些都可以纠正以“一元论”、“主体”统治“客体”为哲学基础的霸权主义。构建人类命运共同体论，强调个人对他人、社群、自然的责任和义务，而不是个人高于一切；既尊重个人权利、自由、平等和全面发展，又注重社会和谐，还强调国家富强。这些既可以应对自我中心主义泛滥，也有利于克服资本主义私有制的先天缺陷，并且能更好地服务于人类。

构建人类命运共同体论的内容具有严密完整的逻辑。第一，坚持共利共享，超越零和博弈，建设利益合作共同体。人类命运共同体首先是一个利益合作共同体，合作共赢、维护全人类共同利益是首要内容。国家之间交往首要看的是国家利益，只有具有共同利益，各国才会展开合作。由于各国之间具有共同利益，所以要实现利益上的共享共惠。经济全球化已把世界紧紧联系在一起，大家都在一条船上，你中有我、我中有你，一荣俱荣、一损俱损，没有哪个国家和民族可以独善其身。党的十八大以来，中国积极参与全球治理，着力改变近现代以来世界秩序中的"社会达尔文主义"法则，变革现行国际秩序不公正不合理的部分，高度重视联合国的作用，提高国际法在全球治理中的地位和作用，为维护全人类共同利益贡献了中国智慧。

第二，坚持共识共商，在国际交流中合理管控意识形态分歧，建设价值共同体。价值关乎共识，没有共识，只有分歧，难以共同协商并形成共同体。共同价值是构建人类命运共同体的必要前提。构建人类命运共同体须在价值上达成共识。习近平同志指出，和平、发展、公平、正义、民主、自由，是全人类的共同价值，也是联合国的崇高目标。这一重要论述，阐明了全人类的共同价值是人类社会处理人与自然、人与社会、人与人、人与自我等关系的共同价值准则，也是人类共同努力的方向。全人类的共同价值既传承了中华优秀传统文化，凸显了中国特色、中国风格、中国气派，又承接全人类共同文明成果，凸显了世界潮流、国际视野、全球共识，为人类描绘了多样统一、平等互鉴的新图景，打通了人类不同形态的社会制度和价值理念之间的隔膜，表达了中国立场，得到了国际社会的广泛认同，为人类文明发展指明了航向。

第三，坚持共建共进，超越唯我独尊、你输我赢，建设行动发展共同体。维护全人类共同利益，彰显全人类共同价值，实现共同发展，需要各国参与共建，付诸行动，在实现自身发展的同时更多惠及其他国家和人民。中国的发展，关键在于走出了一条在开放中谋求共同发展的道路。

第四，坚持共治共处，超越"修昔底德陷阱"，建设安全共同体。

要发展，也要安全，二者相辅相成，可谓和平发展。习近平同志指出，世上没有绝对安全的世外桃源，一国的安全不能建立在别国的动荡之上，他国的威胁也可能成为本国的挑战。国家和，则世界安；国家斗，则世界乱。我们要完善机制和手段，更好化解纷争和矛盾、消弭战乱和冲突。国家之间要构建对话不对抗、结伴不结盟的伙伴关系。大国要管控好分歧，努力构建不冲突不对抗、相互尊重、合作共赢的新型关系。只要坚持协商沟通、真诚相处，“修昔底德陷阱”就可以避免。

第五，坚持共有共赢，超越结盟思维，建设合作共同体。各国相互联系、相互依存的程度空前加深，人类生活在同一个地球村里，生活在历史和现实交汇的同一个时空里，利益交融、安危与共，日益成为一个合作共同体。因此，各国要树立命运共同体意识，真正在竞争中合作，在合作中共赢。

构建人类命运共同体论的实质是追求包容普惠。习近平同志围绕构建人类命运共同体这一主题，多次在国际重要场合发表主旨演讲，提出秉持普惠原则、建设一个包容普惠的经济全球化、打造平衡普惠的发展模式等重要思想。习近平同志提出普惠概念，把普惠作为建设持久和平世界的根本原则，作为推动建设经济全球化的核心理念，作为打造人类发展的一种模式。党的十九大报告再次提出：“推动经济全球化朝着更加开放、包容、普惠、平衡、共赢的方向发展。”① 这值得我们关注和研究。贯穿其演讲的核心哲学理念，就是倡导普惠价值。这种普惠价值是全人类共同价值的实质和核心，是对共同价值的解释、展开与说明。

近代西方为世界输出的是“西方中心论”，在当今实现中华民族伟大复兴的历史进程中，中国为世界贡献出了超越“西方中心论”且能为世界带来福祉的构建人类命运共同体论。

（三）构建人类命运共同体论蕴含中华新文明

构建人类命运共同体，实质上是在寻求一种不同于“西方中心论”

---

① 习近平．决胜全面建成小康社会　夺取新时代中国特色社会主义伟大胜利——在中国共产党第十九次全国代表大会上的报告．北京：人民出版社，2017：59．

的世界发展的再生之路，是在为解决人类共同面临的“和平赤字”“发展赤字”“治理赤字”三大难题提供“中国方案”，贡献“中国智慧”，进而重建新的世界格局。这实际上蕴含了一种不同于西方文明而注重多样性、平等性、包容性、普惠性的中华新文明。

在世界文明谱系中，能与西方文明相提并论的，无疑是以中国为代表的东方文明，一般称之为中华文明。中华文明是一种典型的农业文明和内陆文明，起源于夏商周三代之前，成形于秦汉，兴盛于隋唐，宋明时达到顶峰，其博大精深的文明成果为人类发展做出了卓越贡献。对于西方国家来说，无论是地理大发现、文艺复兴，还是走出中世纪进入现代社会，中华文明都起到了至关重要的作用。

由于清朝后期统治者的封闭僵化，中华文明在西方工业文明和海洋文明的冲击下迅速走向衰落。在近代历史上，中国盛极而衰，中华文明也因此背负骂名，曾经成为中国的沉重“包袱”。“全盘西化论”因此泛滥，至今仍有一定市场。党的十八大以来，以习近平同志为核心的党中央在国内提出实现中华民族伟大复兴的中国梦，在国际上提出构建人类命运共同体，中华文明正发生着凤凰涅槃式的变化。

构建人类命运共同体论实质上就是当代中国为人类和世界做出重大贡献的一种中华新文明。无论是古代历史上的“华夏中心论”，还是近代以来的“西方中心论”，都不符合时代发展趋势，都无益于人类永续发展和世界持续繁荣。习近平同志提出的构建人类命运共同体论的世界意义，在于它辩证扬弃中华传统文明，超越西方文明，为人类和世界发展贡献一种中华新文明，且回答了“中国以什么贡献给世界”这一当年梁漱溟先生之问。中华新文明既以中华优秀传统文化、中国人民的革命文化、社会主义先进文化为母体，又合理吸纳西方文明等一切外来文明中的有益成分，还面向未来。中华新文明具有不忘本来、吸收外来、面向未来的文化气度，它坚持吐故纳新、博采众长。党的十八大以来，习近平同志提出的构建人类命运共同体论，以世界多样统一性、博弈性、不确定性和挑战性为现实依据，以辩证思维、共同体理念、平等包容为思想方法，以国家富强、民族振兴、人民幸福为根本立场，以和平发展、合作共赢为核心理念，以建设利益合作共同体、价值共同体、行动发展共同体、安全共同体、合作共同体为核心内容。它着力建设包括物质文明、精神文明、政治文明、社会文明、生态文明的全面文明，着力建设人民共创共享共治的全要素文明，着力建设以构建人类命运共同体为核心的全球文明。因此，它站在人类真理和道义的制高点上，是化解世界冲突、管控国家分歧的“定海神针”，是引导经济全球化走向的中国方案。

What can China's Road Contribute to the World

WHAT CAN CHINA'S ROAD CONTRIBUTE TO THE WORLD

第 5 章

中国道路的制度性贡献

5 中国道路的制度性贡献

习近平总书记在庆祝中国共产党成立 95 周年大会上的重要讲话中首次指出，“中国共产党人和中国人民完全有信心为人类对更好社会制度的探索提供中国方案”。时至今日，中国发展的伟大成就更能让我们对自己的道路、理论、制度和文化充满自信，也能为后发各国寻求符合自身发展的道路和制度提供一个全新的可以借鉴的选择。

伟大国家的成就绝非偶然，而是多因素综合发挥作用的结果。然而，相比于文化、传统、意识形态等方面的“濡化性”作用，制度的功能必然更为直接，并直击核心。任何国家命运之兴盛，必然首先得益于其制度之良善。制度具有稳定性、普遍性、程序性、建构性和规范性，它是作用于有形世界的无形之网。任何人均无法脱离制度，人的行为也是在制度之网下依其要求、规范、流程而实施，此才谓之秩序。而良善抑或恶劣之制度，必然又反作用于人事，进而濡化人的生活世界。因此，制度的品质决定了官员的品性，进而影响了公民和民族的德性。邓小平言语虽直白、简朴，但却道出了制度对人事作用的实质：“制度好可以使坏人无法任意横行，制度不好可以使好人无法充分做好事，甚至会走向反面”。抚今追昔，政治家与大哲探求古今政道与治道之理，无一不最终着眼于制度的设计与建构。质言之，国家治理的成败，关键取决于其制度。

中国政治发展的历史经验也证明了这一点。古代中国成为世界文明中心之一，在农业生产条件下相对物产丰富、国力昌盛、长时间稳定太平，其中制度功劳最大。相比于同时代的其他国家，古代中国制度完备精密、运转精良。有利于统一治理的郡县制早于西欧建立民族国家、打破分封制近 1 800 年，随之较早建立了分工完备、权责分明的官僚体制，并统一了文字、度量衡、货币等，使这一制度得到强化。此外，有利于吸纳人才、促进流动、教化社会的科举制，防止兼并、促进生产的土地制度，轻徭薄赋的税收制度等皆为关键[①]。回顾改革开放前后中国发展的历程，这一论断同样奏效。解释中国的经济奇迹有诸多理论，然而改

---

① 钱穆. 国史新论. 北京：九州出版社，2011；钱穆. 中国历代政治得失. 北京：三联书店，2001.

革开放本质上是通过对经济制度和政治制度的变革改革了劳动收入分配制度并稳定了产权，将劳动与收入挂钩刺激了人们的生产热情和要素禀赋的解放，最终释放了社会活力，激增了社会财富。

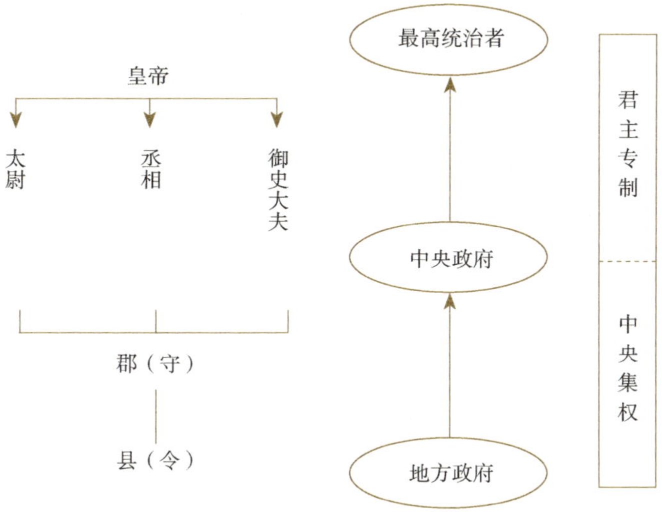

郡县制结构图

质言之，一国之兴衰，取决于其经济、社会、文化等诸系统如何发展及互动，而背后，更根本的是政治如何作用于经济、社会、文化等领域，具有强制性、规范性的政治权力如何安排经济、社会、文化事务，如何分配相应资源，如何确定相应权利义务关系。而政治权力之运转，必围绕其制度展开，无论此制度是正式制度，抑或是非正式制度。

第 1 节　中国制度的现实逻辑

本质上，中国制度贡献的语境及经验是，一个在发展追赶阶段，既需统筹国内复杂局面，又需回应国外干涉挑战而必须自主发展的国家，其制度关键是处理好多元社会和一元统理之间的矛盾[①]。这里的多元，

① 周雪光. 中国国家治理及其模式. 学术月刊，2014（10）.

指的是观念多元、利益多元、民族多元、宗教多元、区域差异多元、发展阶段多元、文化习俗多元的社会多元状态。而一元统理是指，在多元这一前提下，必须更强调权威体制下的有效治理，即拥有出色的治国理政能力，包括维持秩序、把握方向、统筹全局、做出决策、执行决策的能力①。在追赶目标的指引下，要能稳定掌控多元纷争的复杂局面，统筹全局、保持定力，就必须有权威性的制度和治理能力，即权威体制下的有效治理。这是一个在治理有效性中不断积累政治合法性的过程②，其逻辑脉络具体展开如下：

第一，在现代性的前提下，不得不实现追赶目标。现代社会的本质是工业文明，工业化社会强调综合国力，强国才是硬道理。即使不成为强国，为了追求工业文明下的民众福祉，以及确保在国际竞争中不被欺辱剥削，也不得不进入工业化的发展逻辑，不敢放慢追赶强国的发展脚步。

第二，在追赶的前提下，一国的发展目标必须有所侧重和选择，必须战略集中。而此目标，借李泽厚之言是“救亡压倒启蒙”，用严复之语是“寻求富强”，用邓小平的话来说是“发展才是硬道理”。这是在工业文明下后发大国不得不在一定阶段明确的战略选择。

第三，在寻求富强的前提下，首要的任务就是不断提升治国理政的能力，实现有效治理。谋求发展、寻求富强，关键是实现良好的国家治理，使国家秩序井然、经济活跃、法制健全、社会协同。实现此目标，就必须集中战略资源、分清轻重缓急、明确核心利益，更要在实际治国理政过程中，拥有出色的强制服从、汲取资源、教化影响、信息采集、吸纳整合、宏观调控与再分配能力。

第四，在治国理政能力出众的要求下，必须拥有具有权威性的制度。要实现以有效治理为核心的阶段性战略目标，使多元利益和观念协同，不断提升国家治理的执行力度，就必须有权威性的组织和制度作为

---

① 王绍光. 国家治理与基础性国家能力. 华中科技大学学报，2014（3）.

② 林尚立. 在有效性中累积合法性：中国政治发展的路径选择. 复旦大学学报，2009（2）.

保障，以实现目标支配下的发展统领。

当代中国的这一治理取向既是中国传统治理逻辑的延续，又有新的变化与政道更新。作为传统治理逻辑之延续，它关键是继承了对幅员辽阔、民族多元的复杂中国进行治理，首先要保持权威下的治理有效性这一政道，这既是中国传统治理面临的根本现实，又是提升治理绩效的根本经验。说有变化与更新，是因为政道之内核，即权威下治理有效性的实质性评价标准和原则出现了更替，传统政治首先是维持统治、保证秩序与和平，而当代中国治理的关键目标是实现追赶，其本质是治理有效性的评价标准发生了变迁与更新。

事实上，任何制度都不应静止僵化，制度之建构有其目的论的维度，关键在于如何通过规范和程序实现其目的，不可本末倒置，让固化的制度束缚、限制其原生目标。认识这一点，必须有健全的历史感和现实感。以下我们将会看到，中国制度事实上都是围绕这一目标和逻辑而展开的。

第 2 节　中国道路的核心制度及其基本特征

一、形成稳定政治权威的执政党领导制度

相比于其他国家，中国制度最根本的特征在于存在一个稳定的政治权威，即中国共产党。党的领导制度是党稳定政治权威地位的关键保证。通过各种具体的领导制度，党的权威地位得以全方位展现，并持续稳定、制度化。

理论上，政治生活本就必然存在权威。政治关涉共同生活，一旦存在共同事务，就必然需要权威。菲尼斯曾深刻地指出，只存在两种方式对共同体内的行为进行协调，要么是全体一致，要么必须建立权威，此外再无其他可能性①。前者在现实中几乎不可能；共同生活，无论是出

① 菲尼斯. 自然法与自然权利. 北京：中国政法大学出版社，2006.

于效率还是出于正义，都需要权威存在，其根本目的在于形成“有效的协调”。权威本质上是一种统治与服从关系，是“统治的权力”，因而具有发布指令、施加义务、要求服从，进而使用暴力进行惩罚的“资格”和“能力”，是服从的排他性理由①。自由主义革命之后，除了个别先驱（其国家建构在先），大部分后发自由主义国家都陷入了政治衰颓的困境之中。很多学者因此逐渐洞见到了权威在政治秩序中的重要位置和作用。在他们看来，现代政治转型本身就是一个极其复杂而困难的过程，需要就多重目标确定、任务轻重缓急安排、现实策略选择等进行通盘筹划，更要面对革命派和保守派的两面夹击，因此必须有一个强有力的权威，否则会出现形象的“帆众而锚缺”的状况②。

权威的落脚点古今中西不尽相同。对古代中国而言，权威往往是皇帝；西方在启蒙之前往往也是君主。但启蒙的现代性之路一旦开启，西方的传统权威就必然旁落。借助自由主义的论证动摇了政治正当性的根基，将主权落于全体人民身上，而主权的代表者往往是抽象意义上自主的国家。“当人人平等的理念在世界无情蔓延”③ 开来的时候，传统的东方权威也被祛魅，也开始追随西方人，在重建权威的道路上曲折前行。对很多后发新兴国家而言，人民主权的代表者往往真实地落在了政党身上，政党在现代社会填补了权威的真空。

现代国家，政治权威往往落于政党。特别是大多后发民族国家，其现代国家建构均依靠政党实现。回顾历史，实际上无论是两三个世纪前的英国革命、法国革命或美国革命，还是 20 世纪反殖民主义、反帝国主义和第三波民主化国家的革命与独立，它们背后都有“党派—派系”的影子，只不过前者更加隐匿，而后者更加凸显。这些在本质上作为激进政治参与的革命背后，都是由政党作为中介甚至主导进行的。特别是广大后发国家，在独立建国、现代转型的过程中，其少数民族精英组成

---

① 拉兹．自由的道德．长春：吉林人民出版社，2006.

② 亨廷顿．变化社会中的政治秩序．上海：上海人民出版社，2008；福山．政治秩序的起源．桂林：广西师范大学出版社，2012.

③ 托克维尔．论美国的民主．北京：商务印书馆，1988.

的强有力的政党往往是最核心的领导力量，不仅发挥中介与整合的作用，更是动员、引领和革命战争中的中坚。转型到日常政治后，这些政党也持续发挥着组织群众、稳定秩序等政治代表的关键作用。亨廷顿明确指出，缺乏政党，会出现政治参与的无序和混乱，使政治秩序走向脆弱。现代政治必然需要政党①。

事实上，中国制度的核心特征就是中国共产党的领导，它的背后展示了权威在现代国家的位置及其对有效治理的价值。当代中国借助一套完整、系统、精密的党的领导制度，将政治权威的领导贯彻到国家治理的各个领域，并使这一领导方式制度化、长期化、稳定化与理性化。当代中国的党的领导制度体系包含多重维度，覆盖方方面面。在政权机关内部，包括党对立法工作、政府工作、司法工作等的领导制度，也包括党对军队的绝对领导制度，而实现这些领导的关键，是党对干部的领导制度和纪律检查制度贯穿于其中，进而将党的领导从组织领导、思想领导延伸到了党的监督之中。在社会领域，包括党对意识形态的领导制度、党对社会组织的领导制度、党对国有企业的领导制度等，覆盖了社会生活的方方面面。更进一步，这些领导制度通过具体的政治教化、官员选拔、请示汇报、纪律检查等机制得以运转并强化。上述制度的目的，在本质上就是建构强有力的政治权威，贯彻党的意志，保证全国一盘棋，朝一个方向努力，并以此将执政党的领导地位和领导权威制度化。

二、人民当家作主的人民代表大会制度

除党的领导制度外，我国政治一个重要的制度性特征是广泛的民主性和代表性，彰显社会主义政治的人民民主的特点。而此民主性与权威体制在一定条件下互动调整、动态匹配，形成了特有的合意式民主制度。一方面，通过权威体制实现有效治理；另一方面，正是由于关键的民主性、代表性制度的存在，治理过程才能真实体现和反映人民意志和意愿，保证中国治理奇迹和法政秩序建构的根本方向。

---

① 亨廷顿．变化社会中的政治秩序．上海：上海人民出版社，2008.

民主面向的中国制度，最核心的是人民代表大会制度。我国宪法规定，中华人民共和国是人民民主专政的社会主义国家，其一切权力属于人民。人民作为国家和社会的主人，是国家治理的主体。根据宪法的规定，我国的政体是人民代表大会制度。人民代表大会制度是实现人民民主的具体形式和根本路径。人民代表大会制度根据一切权力属于人民的原则，在普选基础上层层选举各级人大代表，组成国家权力机关，再由国家权力机关产生其他国家机关，构成一个完整的制度授权链条，实现人民当家作主。人民代表大会制度是我国的根本政治制度，人民依照法律规定享有通过各种途径和形式管理国家事务和社会事务、管理经济和文化事业的权利，它是维护国家统一和民族团结、实现民众共同意志和普遍利益的根本途径。

我国人民代表大会制度的思想来源是马克思关于议行合一的思想。马克思在总结巴黎公社议行合一的政体时指出："公社是由巴黎各区通过普选选出的市政委员组成的。这些委员是负责任的，随时可以罢免。其中大多数自然都是工人或公认的工人阶级代表。公社是一个实干的而不是议会式的机构，它既是行政机关，同时也是立法机关。"① 马克思、恩格斯对巴黎公社实行的普选制给予了很高的评价，认为公社实行的普选制"彻底清除了国家等级制，以随时可以罢免的勤务员来代替骑在人民头上作威作福的老爷们，以真正的责任制来代替虚伪的责任制，因为这些勤务员总是在公众监督之下进行工作的"②。根据这一理论建构的人民代表大会制度也就不同于美国的三权分立模式。我国的全国人民代表大会的权力与行政权、司法权不是并立的，而是代表人民行使国家的最高权力，行政权和司法权由其产生，受其监督。人民代表大会作为国家的权力机关和立法机关，在所有的国家机关中具有崇高的地位和最大的权力；人民代表大会制度在国家制度体系中起到了基础作用，统领各项相关制度。

---

① 马克思，恩格斯．马克思恩格斯选集：第3卷．北京：人民出版社，1995：55．

② 同①96．

人民代表大会制度又由多种具体制度合力建构。其主要可分为两类，一类是人民代表大会自身组织、运转的制度，一类是人民代表大会与人民之间的关系制度。前者主要包括人大议事制度、人大立法制度、人大监督制度和人大任命制度等，后者主要包括人大代表选举制度、人大代表履职制度等。具体而言，全国人民代表大会和地方各级人民代表大会都由民主选举产生，对人民负责，受人民监督。各级人民代表大会代表人民的利益，按照人民的意志制定法律法规，决定重大事项，选举和任免国家机构领导人员，监督国家行政机关、审判机关和检察机关的工作，从根本上保证人民在国家生活中的主人翁地位。

美国学者亨廷顿曾说，政治发展必须在政治参与和政治权威之间保持平衡，制度变迁不能超越社会发展所处的阶段，否则只会带来动乱与失序。对于巨大、复杂且处于追赶阶段的现代中国更是如此。因此在一元统理的要求下，我们的民主制度更多体现合意式的特征，即追求、酝酿的是共识型的民主而非相互否决的对抗性政体。民主制度在一定程度上发挥的是制衡性、纠偏性而非主导性的作用，从而避免在追赶语境下出现西方民主制的一些弊端，如民意撕裂、偏好依附、空头支票、哗众取宠、无休止争吵、服务于特权等。而合意式民主在其制度运转过程中有着较为充分的沟通、协调、交流，在处理态度上是和气的，在处理方式上是合作的，在根本目标上是一致的，期望在合作、商议中沟通情况、凝结共识、解决问题、改正不足、推进工作，避免过强的对抗性带来的发展掣肘、政治分裂和社会动荡①。

三、民主协商的多党合作制度

中国特色政党制度在中国治理中也发挥了重要作用。现代政治是政党政治，几乎所有现代国家都由政党执政。政党作为大众参与政治的一种制度性渠道，将散落各处、诉求各异的民众组织起来，形成了一个稳定的政治参与组织，来吸纳、提炼和表达民意。然而，世界各国存在不同的政党制度。一个国家实行什么样的政党制度，由该国国情、国家性质和社会发展状况等因素所决定，这体现了人类文明发展的多样性和国别国情的差异性。形成不同政党制度的更为根本的原因在于其国家建构过程中政党的作用不同，即政党起源不同。大多数发达资本主义国家的政党是国家建立后成立的，即先有国家后有政党，政党大多在议会政治出现后产生，英美法德概莫能外。政党（party），就其词根本意而言即“一部分”的意思，是议会政治中的派别。但东方或者后发国家的政党则不同，它们是先有政党后有国家，是在殖民、专制、暴政压迫的条件下，由一批先知先觉的精英分子组成纪律严明、目标明确的政党，政党作为革命的领导阶级，通过自我牺牲带领人民赢得独立或者解放，进而缔造新的国家。西方政党是在旧制度瓦解、出现新的政治团体和阶层后形成的，而在东方，新的政治团体即政党首先出现，再借助政党的力量建立新的政治制度，最终摧毁旧政权②。因此，现实中后发国家建国基本上都是精英政党领导下的革命胜利成果。这种情况下，革命中的领导

① 王若磊．“保护性监督”抑或“对抗性监督”?．人民之声，2014（8）．
② 亨廷顿．变化社会中的政治秩序．上海：上海人民出版社，2008．

党成为天然的权威，这是在革命过程中树立起的权威，是革命胜利证明了的权威。

正是这样历史发生论的差异造成了政党制度的差别。在所有政党政治国家中，中国的政党制度即中国共产党领导的多党合作和政治协商制度，具有区别于其他任何一个国家的特点。事实上，新中国就是以政治协商会议建国的，政协会议制定了起临时宪法作用的《中国人民政治协商会议共同纲领》，建立了中央人民政府，设立了各个国家机关。这时的政协具有建国正当性，是由于在不具备建立人民代表大会条件的情况下，政协所具有的政党代表性和界别代表性，在一定程度上同样能彰显和体现人民的代表性。在人民代表大会制度建立之后，政协不再代行人民代表大会职权，而成为中国共产党进行多党合作和政治协商的重要平台，成为政党制度的重要构成部分。

中国共产党领导的多党合作和政治协商制度的主要特点是：中国共产党领导，多党派合作；中国共产党执政，多党派参政。各民主党派是与中国共产党团结合作的亲密友党和参政党，而不是反对党或在野党。各民主党派参加国家政权，参与国家大政方针和国家领导人选的协商，参与国家事务的管理，参与国家方针政策、法律法规的制定和执行。中国共产党与各民主党派的合作包含四项基本内容：是中国共产党作为执政党将长期执政；二是中国共产党与各民主党派之间是合作关系，中国共产党是执政党，各民主党派都是参政党；三是中国共产党与各民主党派之间通过政治协商实现多党合作，相互合作的基本方针是“长期共存、互相监督、肝胆相照、荣辱与共”；四是中国共产党和各民主党派都以宪法和法律为根本活动准则，自觉在宪法、法律的范围内活动。而中国共产党与各民主党派的政治协商主要有四种制度形式：第一，中国共产党邀请各民主党派和无党派代表人士举行民主协商会，就其将要提出的大政方针进行协商；第二，中国共产党根据形势需要，不定期邀请民主党派和无党派代表人士举行谈心活动，沟通思想、交换意见；第三，由中国共产党组织召开民主党派和无党派代表人士座谈会，通报重要情况、传达重要文件、听取政策性建议；第四，民主党派中央委员会也可向中共中央提出关于政策的书面建议。

因此，中国政治制度体系形成了参与式的政党民主制度，它既维护权威，又发扬民主，从而实现了统一领导与广泛民主、富有效率与充满活力的有机统一。其本质上仍旧贯彻着中国制度的现实逻辑，即复杂的超大型国家在实现追赶超越的过程中，其政党制度要在权威体制、一元统理与有效治理、民主参与之间找到平衡点。

四、动态平衡的中央与地方关系制度

所有具有一定规模的国家都必须面对中央与地方关系问题，它是实现国家治理的重要内容。二者关系本质上蕴含着政治架构理性化与国家治理绩效提升两大主题。因此处理好中央与地方的关系，是世界上所有国家都面临的难题。中国历代都存在"黄宗羲定律"这样的治理难题①。实际上，它就是我们常说的"一管就死、一放就乱"的治理局面。而毛泽东在《论十大关系》中也着重强调了中央与地方的关系。因此，中央与地方的权力结构关系，是国家治理的重要内容，也是国家治理体制的重要构成部分。

回顾历史，作为一个中央集权国家的中国，其中央与地方的关系一直是国家治理的主题。就历史得失而言，中国历代都在中央集权条件下注重发挥地方的主动性与灵活性，地方兴则中央兴，地方治则天下安②。因此在任何国家，其中央机构总有一定的集权性质，没有一定程度的集权就难有国家的统一性和整体性。联邦制的美国也是如此。但是，只有中央集权显然是不够的，还必须有地方分权。没有地方分权，地方就没有发展动力，就缺乏发展积极性。因此，必须实现国家中央集权与地方分权的统一。

我国的国家治理正是将二者有机结合的典范。在我国，中央机构拥有较大较强的集中能力，能够有效地整合力量，形成合力；地方机构又

① 周雪光. 从"黄宗羲定律"到帝国的逻辑. 开放时代，2014（4）.

② 钱穆. 中国历代政治得失. 北京：三联书店，2001.

具有较大的自主能力，能够在自己辖区内行使管理权，进行有效治理。对于中国这样一个大国而言，治理既要保证中央的意志统一，又要压缩治理链条的长度，在中央方针政策的方向、要求统一并确保其目标实现的前提下，通过更好发挥地方主动性、能动性来推进地方治理，使治理更具针对性，效益最大化。因此就治理制度背后的理念而言，要重视地方的自主性，认可多样性，给予充分的政策空间；在治理制度背后的策略上，要更加注重治理效果的实现，看地方治理是否达到中央的目的、要求，是否实现中央的初衷和战略考虑，而不是仅仅亦步亦趋。由此实现政策的多样性和保持制度弹性，充分发挥地方的积极性与自主性，在管与放之间保持平衡。

具体而言，动态平衡的中央与地方关系借助一系列具体治理制度实现了中央权威与地方治理的有机统一。财政上包括分税制。通过分税制改革强化了中央财权，并借助转移支付反哺地方财权，保证其治理能力与积极性。在此基础上，大多数资金通过“项目制”的方式由中央发包、地方竞标，借此实现中央一元统理与地方有效治理的平衡。就选官制度而言，中央具有高度集中的政治任命权力，而其选官制度背后存在一种被学者称为“地方党政官员锦标赛”的体制，国家利用其来选拔地方官员及对地方官员治理绩效进行考察，从而刺激地方官员将全部精力用在地方发展之上，由此形成了一种中央治官、地方治事的“上下分治”制度体系①。

这样的中央地方关系模式的背后贯彻的依旧是中国治理的现实逻辑，即保证权威体制下的有效治理。权威体制体现在中央权威之上，而由于巨型国家管理链条过长，因此实现有效治理又必须充分调动地方积极性，而这实际上是中国经济腾飞的一个关键性制度要素②。

五、民族平等与区域自治的民族自治制度

中国作为一个复杂的超大型国家，其复杂性不仅在于人口众多、幅

---

① 曹正汉．中国上下分治的治理体制及其稳定机制．社会学研究，2011（1）．

② 张五常．中国的经济制度．北京：中信出版社，2009．

员辽阔、地区发展不平衡，而且在于其多元性，包括利益多元、文化多元、民族多元、宗教多元和习俗多元等。其中民族多元是最突出的特征，相对于其他大国，我们的民族更加众多、结构更加复杂。因此，民族治理是中国历代政治的核心问题之一。当代中国要实现现代追赶条件下权威体制中的有效治理，就必须解决好民族问题。

在任何多民族国家中，民族平等、民族自主都是国家民主的重要内容。少数民族的自主权利和平等权利是保障各少数民族自己当家作主的基础，是国家制度民主性的体现。中国的民族区域自治制度是马克思主义民族理论中民族自治思想理论同中国实际相结合的产物。中国共产党根据马克思列宁主义关于在民族地区实行民族区域自治的理论原则，在实践中建立了民族区域自治制度，并取得了非常好的治理效果。

因此，民族区域自治制度是中国制度成就的另一个重要维度。其背后首先是民族平等原则；民族平等是我国最基本的民族政策，也是重要的宪法原则。民族平等原则要求尊重各个民族尤其是少数民族的历史、文化、经济发展水平等，它为民族团结奠定了基础，成为多民族友好相处的政治前提。在中央统一领导下，在少数民族聚居区建立了民族自治机构行使自治权，是我国坚持民族平等的国家治理体制。民族区域自治制度是我国又一个基本政治制度。我国设立了五个自治区，在有的省还设立了民族自治州和自治县，这些都是民族平等原则的体制基础和具体实践。此制度是根据我国的历史发展、文化特点、民族关系和民族分布等具体情况做出的制度安排，符合我国各民族人民的共同利益和发展要求。它既实行单一制的国家形式，维护了国家的统一；又在少数民族聚集地方实行自治，有效地处理了民族平等关系，体现了民族民主自治。这一制度设计为民族平等提供了制度保障。

六、多元共治的基层社会治理制度

在复杂大国推进国家治理取得如此成就，不可能仅靠政权本身的力量。中国快速发展和法政秩序形成的背后，社会自发因素也起到了关键作用，执政党通过其社会治理制度使社会秩序井然、活力迸发，该制度是有效治理的制度基础。

在长期社会治理实践中，我们党逐步形成了协商共治的治理模式。这种制度主要包含两个方面，一是协商民主制度，二是社会共治的基层自治制度。

就协商民主而言，在政治协商基础上，我国逐步创造出较为完备的多主体、多层次、多平台的协商民主，其已成为我国人民民主的重要形式。我国已经形成了包括立法协商、行政协商、民主协商、参政协商、社会协商等在内的社会主义协商民主制度。

就基层自治制度而言，其彰显了治理中多元主体参与共治的本质特征，并有效提升了治理绩效。基层群众自治制度是中国特色政治制度的重要组成部分，是我们党不断推进社会主义政治制度自我完善和发展的重要体现。基层群众自治制度，是广大群众依法直接行使民主权利，管理基层公共事务和公益事业，实行自我管理、自我服务、自我教育、自我监督，实现人民当家作主最有效、最广泛的途径。所谓共治，就是共同治理，即多元主体共同参与社会治理工作。社会由多元主体构成，每一个主体都是社会活动的参与者。多元主体参与共治，是调动各方主体积极性，发挥各类社会主体作用的重要方式，同样是社会民主的重要体现。在近年的治理实践中，社会治理取得了显著成绩，共治逐步发挥了越来越重要的作用，也成为实现国家治理体制和治理能力现代化这一目标的重要途径。

第 3 节　中国道路的制度优势

1978 年之前，中国的人均收入仅是世界上最贫穷大陆——撒哈拉以南非洲的国家——的 1/3，经济总量仅占世界的 5%，80%的人口还处于贫困线以下。但之后发生了翻天覆地的变化，中国保持了持续数十年年均 9.7%的经济增长。截至 2016 年，GDP 已经超过 10 万亿美元，是 1979 年的 28 倍，经济总量占世界的 1/6，而人均收入 2015 年也已达到

7 808 美元，中国成为中上等收入国家。根据经济学家按购买力平价换算的结果，中国 2014 年人均收入已超过美国，预计 2025 年经济总量也将超过美国成为世界第一大经济体。回顾历史，工业革命后英国用了 58 年实现了人均产出翻一番，美国用了 47 年，日本用了 35 年，巴西用了 18 年，而中国仅用了 10 年。同时，中国在世界舞台上占据了重要地位，有了一定的话语权。无论是纵向比较，还是横向比较，虽有诸多不尽如人意之处，虽与发达国家在创新等方面还有较大差距，但平心而论，中国 40 年取得的成就几乎无出其右。

中国国家治理取得如此成就的背后，制度因素起到了关键作用。相比世界其他国家的治理体制，中国国家治理体制展现了诸多显著的优越之处，主要体现在其统一性、权威性、高效性、稳定性、连续性、协调性、灵活性、互助性等八个方面。而这些优越性，既得益于社会主义制度的先天因素，也有中国自己独特的历史传统原因，还源于现行体制建构的实践努力。

一、集中力量办大事的统一性

统一性是中国国家治理体制的最大优势。能够集中力量办大事是世界公认的中国治理制度的核心优势，中国能高效完成社会动员下的快速发展、招商引资、大型活动、抢险救灾等重大项目。哈佛大学费正清东亚研究中心前主任傅高义曾指出，中国国家治理体制，是为动乱不已、举步维艰、地区差异巨大的中国提供统一的领导。中国幅员辽阔、人口众多、经济社会发展极不均衡，利益多元、民族多元、宗教多元、习俗多元，统一的治理体制能够改变传统中国国家治理“一盘散沙”式的低组织化结构，将各地区、各民族紧紧地联系在一起，使之朝着共同的奋斗目标前进。中国国家治理体制的统一性优势具有深厚的历史文化传承。大一统的国家观念自古以来深入人心。自秦以后，中国就形成了大一统的政治局面，建立了中央集权的郡县制国家，并大体维系至今，其间虽有分分合合，但未有根本的改变。同时，统一性又是中国特色社会主义这一现代制度的最大优势，党的领导是中国国家治理体制发挥统一性优势的根本保障。这种统一性保障了中国治理能够战略集中、手段集中，合力实现追赶发展的治理目标。

二、上行下效、令行禁止的权威性

统一性的另一面是权威性。权威性本质上是为了实现统一性，权威是手段，而统一是目的。简单来说，权威本质上是一种“资格”，它具有发布命令、施加义务、要求服从甚至施以惩罚的“能力”，能够“要求另一个人选择其如果未被要求即不会做出的选择”。这时，权威要求排除其他私人或公共的理由，其本身就要被看作服从的“排他性理由”，遵守命令的原因并不取决于命令的内容，背后存在的威胁也不过是服从的次要动机，服从单单来自权威这一资格本身。因此，一个政治社会必须存在有效权威使相互合作、普遍协调和其他所有公共产品的供给成为可能。中国国家治理权威性制度保障的关键是民主集中制。民主集中制原则既是中国共产党的组织原则，也是中华人民共和国国家机构的根本组织原则，它是保障中国国家治理权威性的制度保障。在党内层面，民主集中制原则要求党员和组织做到“四个服从”，即个人服从组织、少数服从多数、下级服从上级、全党服从中央。邓小平指出，在“四个服从”中，“最重要的就是全党服从中央”。党员维护中央权威、同党中央保持高度一致，是中国国家治理体制权威性优势的核心。在国家层面，我国宪法规定了国家机构实行民主集中制的基本原则；中央和地方的国家机构职权的划分，遵循在中央的统一领导下，充分发挥地方的主动性、积极性。这种权威性能够保证中央决策上行下效、令行禁止，全国一盘棋推动国家治理目标的实现。

三、治理决策与执行的高效性

统一性和权威性合力保证了国家治理的高效性。高效治理模式是中国发展奇迹的关键。中国国家治理的高效性体现在决策、执行、运行效率等诸多方面。首先是国家决策体制高效、科学。在党的领导下，国家治理体制内的重大决策始终有主导性因素或力量支撑。中国建立起以民主集中制为原则的党委和政府决策制度。无论是在决策方案设计环节，还是在决策方案选择环节，都体现出高效率特征。其次是政策执行体制高效、有力。在从中央到地方的五级政府治理体制架构下，国家治理任务在各个层级政府之间分解，从上至下、各负其责，层层加压执行国家确定的各项方针政策。即使地方遇到困难，但只要决策符合国家长远利益，其也能够得到有效执行。最后是中国国家治理体制建立了简约的运行机制，各级党和国家机构精简高效、职责明确，国家治理运行成本相对较低。相比中国国家治理的高效运行，欧美发达国家治理体制经常处于低效状态或高成本运行状态，陷入政治衰颓的困境之中。其国家意志分散撕裂，难得妥协达成的一致还无法贯彻。这些国家的政客成了一个个善于空想而没有行动能力的理想主义者，这带来的是现实生活中的困顿与破落，时常出现议而不决、决而不行的局面。政治学学者福山就将美国现行体制精准地概括为“否决政体”（vetocracy），这种体制遇上被意识形态化了的两个政党，就会经常出现政治瘫痪、相互否决的扯皮状态，为反对而反对，不论是非、博人眼球。中国国家治理体制克服了这些弊端，尽量减少了国家治理体制中的“否决点”，不断增加国家治理的“共识”。

四、政治秩序的稳定性

治理制度的统一性与权威性也保证了秩序的稳定性。任何发展离开秩序均不可能持续。任何人都明白，没有良好的秩序，个人发展与家庭生活和谐就没有可能。中国制度具有的统一性与权威性保障了这种秩序的实现。中国治理奇迹得以发生的基础之一就是存在稳定的政治秩序和政治权威作为保障。环顾四周，很多后发国家谋求发展，首先需要保障政治与经济秩序的稳定；而很多发达国家的政治参与过于激进，或者难民、反恐等问题成为其政治稳定的掣肘。中国治理体制通过权威的党的领导制度、合意式的民主制度、参与式的政党制度等能够保障制度的稳定性，建构良好的政治秩序。

五、政策制定执行的连续性

在权威性和稳定性之下，中国保障了治理政策的连续性，而这种政策连续性是社会快速发展、经济腾飞的前提，为其提供秩序基础与可预期性保障。中国经济增长奇迹背后有政策长期稳定、不反复、不倒退、不折腾的功劳。在中国共产党领导下，国家级、省市级、县区级等各类发展战略规划有效地保证了政府政策的连贯和稳定。这是中国经济社会长期快速发展的重要前提。以经济社会发展五年规划为例，从 1953 年起，我国国家层面已连续制定了 13 个五年发展规划（“一五”至“十五”称“计划”，“十一五”起改称“规划”）。世界上仅有法国、日本等少数国家，在二战后一段时间内曾推行国民经济计划。在“一张蓝图干到底”的治理理念指导下，中国各级党委和政府“一任接着一任干”，国家和地方治理始终保持连续稳定、注意力集中，不受领导人换届影响。相比而言，西方国家治理体制由于实行两党制或多党制，无法制定促进国家发展的长远战略规划，国家大政方针、社会公共政策经常因政党和领导人的变化而出现反转、推翻、撤销等情况，这不仅影响社会进步，还增加了不少治理成本，浪费了宝贵时间。

六、区域部门联动的协调性

统一性与权威性使得超大型国家内部协调一致成为可能。中国国家治理体制在协调区域发展、部门行动方面体现出显著的优越性。党总揽全局、协调各方的领导核心作用是中国国家治理体制协调性优势发挥的根本保证。第一，中国国家治理体制的协调性优势显著地体现在协调区域发展方面。在改革开放初期，邓小平同志提出“两个大局”发展思想，首先要使沿海地区优先发展起来，内地要顾全这个大局；其次当沿海发展到一定阶段的时候，沿海要拿出更多力量来帮助内地发展，沿海也要服从这个大局。进入新世纪以来，中国深入实施西部大开发和东北老工业基地振兴战略，这正是中国国家治理体制协调区域经济发展的典型表现。第二，围绕重大治理任务，中国国家治理体制建立了系列的跨部门协调机制，协调和整合多部门的集体行动。通过建立跨部门的领导小组机制、联合发文机制、联合执法机制等，有效地防止了部门间推诿扯皮，打造出了一套健全的整体性国家治理体制。第三，围绕重点治理项目，如南水北调、流域治理、抗震救灾、灾后重建、对口援助等，中国治理制度能够有效协调部门、地方、社会，这在其他国家几乎不可能实现。

七、审时度势、与时俱进的灵活性

为实现权威体制下的有效治理，快速应对变化的现实和调整中的战略任务，制度还必须具有灵活性，通过制度的弹性与回应性保障治理绩效的提升。中国国家治理体制在政策制定、执行过程中体现出富有灵活性的一面，能够审时度势、与时俱进，而不是僵化守旧、故步自封。在长期的国家治理实践中，中国共产党形成了一套符合中国国情、独具灵活性的制度性安排。首先，中央推进国家治理的各类政策基本上都允许地方根据实际情况因地制宜地执行，不搞"一刀切"。对于一个幅员辽阔、人口众多、地区发展不平衡的大国而言，改革方案虽然在原则上、价值上、方向上具有统一性，但在具体内容和举措上应避免忽视地域之间的差异性与多样性。事实上，我国东部地区与西部地区、发达地区与落后地区发展的阶段、水平和重心都存在不小差异，就是同一个省内的不同地区其发展状况也参差不齐，不能用一把尺子量到底。某些看似合理的政策，甚至在某一地区试点效果很好的改革举措，一旦不加区分地推广到全国，就可能出现制度失灵的状况。甚至一些的确适用于我国绝大多数地域或领域的改革举措，也需要针对某些区域或领域的特殊情况进行调整。其次，注重政策试点，从政策局部试点再到全面推广的治理逻辑和方式，实现了国家治理灵活性和有效性的有机统一。在遇到新的国家治理问题时，中国国家治理体制往往不是马上制定一个全国性的政策、法律，而是选择若干地方进行政策试点。当政策试点取得成功或者获得经验后，再进行全面推广。"以点带面"使得中国国家治理体制更为灵活、多样。

八、“一方有难，八方支援”的互助性

中国制度的统一性与权威性也促进了治理的互助性，这种制度优势在其他国家难见。区域治理的互助性是中国国家治理体制得天独厚的优势。中国存在上下衔接、边界清晰的层级政府制度，然而其制度优势又能使治理跨出本区域实现合作式、互助性治理，典型的就是对口支援这一中国特色的制度。在面对重大危机或者发展困难时，中央政府能够调配全国资源，借助中央部门或者发达省市的能力对欠发达地区或需要救助的地区实现资金、项目、设施、人员等全方位、长时段的支援帮助，体现“一方有难，八方支援”的精神。汶川地震后的灾后重建以及对于西藏、新疆等地的对口支援都是典型。这种通过协调制度展现的互助性最能体现社会主义的优越性。

第6章

中国道路的文化性贡献

6 中国道路的文化性贡献

党的十九大报告强调："当代中国共产党人和中国人民应该而且一定能够担负起新的文化使命，在实践创造中进行文化创造，在历史进步中实现文化进步!"[①] 亦正如习近平总书记所言："中国人民不仅将为人类贡献新的发展模式、发展道路，而且将把自己在文化创新创造中取得的成果奉献给世界。"[②]

道路决定命运，找到一条正确道路绝非易事。中国道路即中国特色社会主义道路，这条道路来之不易。它不是从天上掉下来的，而是党和人民历尽千辛万苦、付出各种代价取得的根本成就。它是在改革开放40年的伟大实践中走出来的，是在中华人民共和国成立60多年的持续探索中走出来的，是在对近代以来170多年中华民族发展历程的深刻总结中走出来的，是在对中华民族5 000多年悠久文明的传承中走出来的，具有深厚的历史渊源和广泛的现实基础。

习近平总书记深刻地指出：数千年来，中华民族走着一条不同于其他国家和民族的文明发展道路。我们开辟了中国特色社会主义道路不是偶然的，是我国历史传承和文化传统决定的。的确，文化是民族生存和发展的重要力量。人类社会每一次跃进，人类文明每一次升华，无不伴随着文化的历史性进步。中华民族有着5 000多年的文明史，近代以前，中国一直是世界强国之一。在几千年的历史流变中，中华民族从来不是一帆风顺的，遇到了无数艰难困苦，但我们都挺过来、走过来了，其中一个很重要的原因，就是世世代代的中华儿女培育和发展了独具特色、博大精深的中华文化，为中华民族克服困难、生生不息提供了强大精神支撑。

历史和现实都证明，中华民族有着强大的文化创造力。每到重大历史关头，文化都能感国运之变化，立时代之潮头，发时代之先声，为亿万人民、为伟大祖国鼓与呼。中华文化既坚守本根又不断与时俱进，使中华民族保持了坚定的民族自信和强大的修复能力，培育了共同的情感

① 习近平．决胜全面建成小康社会 夺取新时代中国特色社会主义伟大胜利——在中国共产党第十九次全国代表大会上的报告．北京：人民出版社，2017：44.

② 习近平．筑就中华民族伟大复兴时代文艺高峰．(2016-11-30)．http://news.xinhuanet.com/politics/2016-11/30/c_1120025224.htm.

和价值、共同的理想和精神，让中华文明同世界各国人民创造的丰富多彩的文明一道，为人类提供正确的精神指引和强大的精神动力。

第 1 节　中国道路视域下的文化强国

话语是时代的产物，也是塑造时代特征、引领时代方向的强大精神文化力量。如果说改革开放前的中国给西方的印象是"政治中国"，那么改革开放后，伴随中国道路的建构，"经济中国"的形象已然展现于世。经济虽然获得了快速发展，但并未改变当代中国在世界交往中的困境。如今，中国显然已进入所谓"挨骂"时代①。如此不论是非的诋毁谩骂，一定有意识形态方面的西方敌对势力的阴谋。同时，我们也应理性看待，并非任何批评都没有反思价值。由此，话语权层面之困境亟待解决，中国需建构自身的话语体系。中国是一个具有 5 000 年辉煌历史的文明古国、文化大国。正基于此，有学者提出"文化中国"的概念，认为"了解中国应该从文化的、广义的观念，而非经济的、政治的、地域的、族群的观念"②。的确，中华民族最突出的优势与形象应是文化，以孔子为代表的儒家开创了中国的文脉，这既具有当代价值，也具有世界意义。文化是民族的血脉，是人民的精神家园。正基于此，党的十八大以来，习近平总书记关于文化强国建设的一系列重要论述，不仅从文化建设的维度生动而强有力地表达了中国道路的价值理念和文化追求，也清晰地呈现了中国道路的话语表述及建构逻辑，从而极大地深化了我们对文化强国内涵的理解。文化强国正日渐成为当代中国发展的一种总体性追求与志向。

一、文化强国的古今逻辑

中华民族历经上下五千年，创造了源远流长的人类最古老文明之一

① 赵瑧. 从"挨打""挨饿"到"挨骂"——中国的路还很长. 人民论坛，2008（9）.

② 杜维明阐述了"文化中国"概念中包含的三个"意义世界"。王呈. 文化中国包含三个互动而又独立的社会. 人民日报，2013-05-29.

的中华文明。习近平总书记指出，“中华文化积淀着中华民族最深沉的精神追求，是中华民族生生不息、发展壮大的丰厚滋养”。在漫长的历史进程中，历经地域间的频繁流动、民族间的互相交往、文化间的彼此融合，形成了“你来我去、我来你去，我中有你、你中有我”的中华民族多元一体格局①，造就了傲立于世的灿烂文明，逐渐形成了具有高度文化认同与极富生命力的民族精神。比如，“天行健，君子以自强不息”的进取精神、“天下兴亡，匹夫有责”的担当精神、“贫贱忧戚，庸玉汝于成”的顽强意志、“先天下之忧而忧，后天下之乐而乐”的奉献情怀、“为天地立心，为生民立命，为往圣继绝学，为万世开太平”的政治理想、“人生自古谁无死，留取丹心照汗青”的民族气节、“天人合一”的精神境界、“和而不同”的宽容气度、“民胞物与”的和谐意识、“大道之行也，天下为公”的社会理想等，这些都是中华民族不断进取的精神源泉与不竭动力。有学者从文化比较视野的角度，指出了中国极强的文化个性：独自创生非从他受，自成体系与他者差异甚大，自古及今绵延独存，同化能力极强，影响力既远且大，具有高度妥当性与调和性②。党中央适时提出建设“社会主义文化强国”的目标，便是自觉承继文明古国、文化大国的历史脉络，主动延续具有深厚底蕴的中国文脉。

① 费孝通．中华民族的多元一体格局．北京大学学报（哲学社会科学版），1989（4）．
② 梁漱溟．梁漱溟全集：第3卷．济南：山东人民出版社，2005：10．

当前，历史虚无主义与文化虚无主义思潮在社会上不断蔓延，颇有市场，颇具影响。它们企图通过解构民族历史颠覆文化传统，否认革命正当性，诋毁国家发展成就，消解主流意识形态。习近平总书记强调，我们要“树立和坚持正确的历史观、民族观、国家观、文化观，增强做中国人的骨气和底气”。这明显是针对当前的历史虚无主义思潮提出的。当然，此思潮由来已久，早在 20 世纪新文化运动中即有人宣扬“全盘西化”论，认为中国文化一文不值，因而对西洋文化要“诚心诚意地全盘接受”。于此，我们大可不必惊慌失措，只要厘清其来龙去脉，便能对症下药，逐一驳斥，以正视听。正如习近平总书记所言：“中国共产党人是马克思主义者，……不是历史虚无主义者，也不是文化虚无主义者。……中国共产党人始终是中国优秀传统文化的忠实继承者和弘扬者，从孔夫子到孙中山，我们都注意汲取其中积极的养分。”如果抛弃传统，丢掉根本，便是自绝民族的精神命脉。正如钱穆所言：“对其本国以往历史有一种温情与敬意者，至少不会对其本国历史抱一种偏激的虚无主义，亦至少不会感到现在我们是站在以往历史最高之顶点，而将我们当身种种罪恶与弱点，一切诿卸于古人。”① 因此，我们须珍惜这份有深厚民族历史底蕴的沉甸甸的文化传统，在此基础上不断提升国家文化软实力，早日实现“社会主义文化强国”之目标。

二、文化强国的中西逻辑

源远流长、博大精深、丰富多彩的中华文明不仅塑造了自强不息、勤劳智慧的中华民族，也创造了代表世界最高成就的科技发明，独领风骚数千年，为人类文明进步做出了不可磨灭的杰出贡献。但明清之际，当西欧各国竞相开放国门，进行工业革命、发展世界贸易时，清朝统治者却昧于世势，妄自尊大，闭关锁国，仍做着天朝上国之迷梦。加之传统皇权体制的僵化腐朽，中国在近世全球快速工业化浪潮下被无情地抛

① 钱穆. 国史大纲. 北京：商务印书馆，1996：1.

在了后面。伴随鸦片战争之爆发，在西洋列强坚船利炮的压力下，中国被迫开放了国门，割地赔款，开埠通商，丧权辱国，民不堪命，危机四伏，由此开启了近代中国的屈辱历程。至此，中华文明往日风采不再，影响辐射力与日俱减，整个民族渐失文化自信。

面对百年沧桑、历经坎坷的近代史，习近平总书记指出："实现中华民族伟大复兴，就是中华民族近代以来最伟大的梦想。"中华民族是一个有骨气的民族，正如孟子所言，"富贵不能淫，贫贱不能移，威武不能屈"。一大批仁人志士为寻求救国救民的真理前仆后继、艰难摸索。历经洋务运动、戊戌变法、辛亥革命等救国方案，无论是维新派内部寻求的自上而下的改革，还是革命派效法西洋进行的民主革命，都因水土不服而相继失败。直至"十月革命一声炮响，给我们送来了马克思列宁主义"。伴随马克思主义的广泛传播，中国共产党诞生了，中国才真正找到救亡图存的道路。先进的文化不仅可启蒙祛魅，还能救民，甚至用于指导改革实践，实现民族文化的伟大复兴。

近代中国确曾落后于世界先进文化，先知先觉者亦曾向西洋寻求真理，但正如习近平总书记所言："世界上没有放之四海而皆准的具体发展模式，也没有一成不变的发展道路。历史条件的多样性，决定了各国选择发展道路的多样性。人类历史上，没有一个民族、没有一个国家可以通过依赖外部力量、跟在他人后面亦步亦趋实现强大和振兴。"历史规律具有客观性，不能任意选择。著名历史学家许倬云指出，近代中西的遭遇颇为吊诡，欧洲在文艺复兴、宗教改革、工业革命后逐渐由衰而盛，而中国则历经汉唐两次盛世后由盛而衰，"在近代四五百年的接触中，中国的衰世碰到了欧洲的盛世，就不免有招架无力之感"。但回眸当下，正如近百年前历史学家斯宾格勒的《西方的没落》所指出的那样，西方正逐渐走向衰亡，而在经历了两百年的苦难后，中国则蓄积了转化再起的强大动力，"情况可能就倒过来了，中国要从衰势回头的时候，欧美却从盛况转向衰退"①。梁启超亦在观览了历经战乱破败不堪的

① 许倬云．中西文明的对照．杭州：浙江人民出版社，2013：2.

欧洲后感叹道，“大海对岸那边有好几万万人，愁着物质文明破产，哀哀欲绝地喊救命，等着你来超拔”①。因此，怎能继续期盼一颗正在走向没落的“西洋文明”的种子，在中国能够长出硕果？早在 20 世纪，有许多思想家即对此进行了严肃而深入的思考，梁漱溟认为，国人不应盲目追寻西洋道路，而必须于此世界发展潮流中建构中国道路，“要中国人学走近代西方个人权利本位的立国之道，这于其几千年伦理义务本位的社会人生，恰为前后全不接气的文章。倒是迈越乎此，而向上提高直接为人类社会未来文化辟造新局，方有自己的出路”②。张君劢也指出，“居今之世之最大责任，厥在对于今后世界新文化之贡献。吾国人而诚能发奋为之，则新文化桌上，必容吾国人占一席”③。解决中国的问题只能在中国大地上探寻适合自己的道路和办法。由此，中国必须借助本土的历史文化资源，为世界新文化开辟新机缘，提供具有中国元素的普世价值，从而成为引领世界潮流的文化强国。

三、文化强国的理论逻辑

17 世纪的威斯特伐利亚体系对新世界格局产生了深远影响。传统的帝国形态不复存在，继之以“民族国家”为单位形成新世界秩序。正如霍布斯鲍姆所言：“若想一窥近两世纪以降的地球历史，则非从‘民族’以及衍生自民族的种种概念入手不可。”④ 而在漫长的历史进程中，中国一向都以文明国家的形象展示于世，是名副其实的以华夏为中心、以天下为情怀的文明礼仪之邦，自古及今可谓以文化立国。正如梁漱溟所言，中国人向来“是以天下观念代替国家观念的。他念念只祝望‘天下太平’，从来不曾想什么‘国家富强’”⑤。在雷海宗看来，两千年的中国是“一个具有松散政治形态的大文化区……与近代西洋列国决然不同”⑥。美国

① 梁启超．欧游心影录．北京：商务印书馆，2014：52.

② 梁漱溟．梁漱溟全集：第 4 卷．济南：山东人民出版社，2005：483.

③ 张君劢．明日之中国文化．北京：中国人民大学出版社，2006：139.

④ 霍布斯鲍姆．民族与民族主义．上海：上海人民出版社，2000：1.

⑤ 梁漱溟．梁漱溟全集：第 3 卷．济南：山东人民出版社，2005：26.

⑥ 雷海宗．中国文化与中国的兵．北京：商务印书馆，2007：71.

人白鲁恂亦认为“中国不是一个民族国家，是一种文明，而伪装成一个国家”①。但自近代以来，面对亡国灭种的深重危机，为了救亡图存之需要，中国被迫接受了“民族主义”的西方话语，进而想以“民族国家”身份跻身于新世界体系。列文森便敏锐地指出，“近代中国思想史的大部分时期，是一个使‘天下’成为‘国家’的过程”②。一般而言，非西方的后发现代化国家要实现现代化有三种选择：一是尽弃本国传统全盘西化；二是尽信本国传统为了反西化而反现代化；三是追求现代化但拒绝西化。最后一种类型在现代化过程中又可分为两个阶段：早期阶段，在西化过程中促进了现代化；但进入成熟阶段后，则因经济发展到一定程度而产生一种“去西方化”和复兴“本土文化”的要求③。大体而言，中国即属于第三种类型，其必须首先“屹立于世界民族之林”，才能获得生存与发展之机会。伴随 1949 年成功实现建立新中国的理想，而后经历了 40 年改革开放，中华民族基本实现了“屹立于世界民族之林”之目标，中国已成为举足轻重的大国，其国家形象不应仅是“政治中国”“经济中国”，而更应该回归传统，以文化为本位，展现“文化中国”的国家形象。正如《当中国统治世界》的作者马丁·雅克所言：“中国本质上是一个文明国家，其身份认同感源自作为文明国家的悠久历史。当然，世界上有许多种文明，比如西方文明，但中国属于唯一的文明国家。中国人视国家为监护者、管理者和文明的化身，其职责是保护统一。国家的合法性因而深藏于中国的历史中。这完全不同于西方人眼里的国家。”④ 如今，面对精神信仰普遍缺失、道德水平逐渐下滑、社会共识日趋撕裂的当代中国，必须重新回归传统。正如习近平总书记所言，“中华优秀传统文化是中华民族的突出优势”。因此，我们必须以

---

① PYE L. China：erratic state，frustrated society. Foreign affairs，1990，69（4）：56-74.

② 列文森．儒教中国及其现代命运．桂林：广西师范大学出版社，2009：84.

③ 亨廷顿认为：“在社会层面上，现代化提高了社会的总体经济、军事和政治实力，鼓励这个社会的人民具有对自己文化的信心，从而成为文化的伸张者。在个人层面上，当传统纽带和社会关系断裂时，现代化便造成了异化感和反常感，并导致了需要从宗教中寻求答案的认同危机。”亨廷顿．文明的冲突与世界秩序的重建．北京：新华出版社，2010：51-55.

④ 张维为．中国震撼．上海：上海人民出版社，2011：243.

"文化认同"而非"民族主义"之方式来重构人民的国家认同。

中国是一个以文化立国的开放国度，"天下"观念是中国文化的特色，如汉末佛教之东传、明末清初的西学东渐、民初马克思主义中国化等，都被以天下为情怀的气魄包容吸收。"夷狄入中国，则中国之；中国入夷狄，则夷狄之"。虽讲夷夏之辨，却没有丝毫的民族歧视与盲目的排外情结，崇德修文的中华文明传统在全球化的今天显得弥足珍贵。中国并非一般意义之国家，其绵延悠久的历史文明标示了自己"文明国家"的底色，其"天下为公"的价值观念亦决定了未来的文化道路。今天国人不应只把"天下"遗忘，视"中国"为"民族国家"的同位语，没有了"天下"怎会有"中国"？同时，正如亨廷顿所言，伴随冷战结束，意识形态对抗逐渐消解，世界的冲突将更多地发生于各文明实体之间，文化将会变成未来最重要的软实力。因此，把建设"社会主义文化强国"作为当前治国理政的一项重要工作，可谓正当其时。

四、文化强国的实践逻辑

当今世界，伴随科学技术的突飞猛进、经济全球化的不断深入、各种社会思潮的频繁交流，文化在经济社会生活中的作用更加明显，在综合国力较量中的地位更加重要。由此，维护国家文化安全与提升文化软实力的任务变得更为紧迫。当代中国，全面深化改革已进入深水区与攻坚期，文化建设已变成凝聚改革共识、谋求经济社会发展的重要精神支撑。习近平总书记指出，"培育和弘扬核心价值观，有效整合社会意识，是社会系统得以正常运转、社会秩序得以有效维护的重要途径"。可以说，核心价值观是国家最根本的文化软实力，其表征着文化系统的生命力、凝聚力、感召力，是文化软实力的灵魂，是决定文化的性质与方向的最深层次要素。历史与现实都昭示着，构建具有强大感召力的文化软实力，关系着社会的和谐稳定，关系着经济的健康发展，关系着国家的长治久安。

党的十八大报告明确提出了经济建设、政治建设、文化建设、社会建设、生态文明建设"五位一体"的总体布局，标示着文化建设已上升为国家战略，要为其他四方面建设提供精神文化支撑。在庆祝中国共产党成立 95 周年大会的讲话中，习近平总书记指出，“坚持不忘初心、继续前进，就要坚持中国特色社会主义道路自信、理论自信、制度自信、文化自信”，并明确强调，“文化自信，是更基础、更广泛、更深厚的自信”。众所周知，文化有其自身的特性与功能，它可作为上层建筑的意识形态，具有引领社会与教化民众的功能属性。同时，伴随物质财富的不断增加、生活水平的持续提升，人民的消费结构发生了显著变化，消费支出逐渐倾向于精神文化层面。由此，经济发展转向文化领域将是大势所趋。在市场经济条件下，文化产品本身即可成为社会商品，能够直接带来经济效益，创造经济价值，文化亦承担着生产力的功能属性。因此，文化既担负着社会效益，亦创造着经济价值，日益成为经济社会发展的源头活水。文化既是特定时期经济社会发展的反映，同时又不断推动着经济社会的发展。先进的文化为经济社会发展提供持续的精神力量，并能凝聚共识、整合社会、启发思想、推动创新，提升国民的文化素质。

习近平总书记指出，实现中华民族伟大复兴的中国梦需要凝聚起强大的精神力量。一直以来我们所梦想要实现的中华民族伟大复兴，其内涵包括政治清明、经济发展、社会和谐、生态良好、文化繁荣等，但文化繁荣较之经济政治层面更具生命力与凝聚力。建设“社会主义文化强国”的目标本身就是实现中华民族伟大复兴中国梦的题中应有之义。因此，我们必须不断提升文化自觉，增强文化自信，使其为经济发展凝聚文化共识，为社会和谐贡献精神力量。

五、文化强国的战略逻辑

自近代遭遇西洋坚船利炮以来，中国在与西方的较量中一次次败下阵来，痛定思痛，国人最终把传统文化视作不敌于西洋的罪魁祸首，由此失去了文化自信，全面效法西洋，自觉不自觉地放弃了自身的话语逻辑，“西方给予中国的是改变了它的语言，而中国给予西方的是丰富了它的词汇”①。语言和词汇显然不在一个等量级，的确，直至当前，在话

① 列文森．儒教中国及其现代命运．桂林：广西师范大学出版社，2009：132.

语逻辑方面我们仍处于守势，很多领域仍被西方话语逻辑所支配。正如郑永年所言："整个知识群体，无论是官方知识分子还是社会知识分子，处于思想被殖民的状态。"① 用西方的话语逻辑来解释中国，本质上只是对西方的一种"迁就"，而非真正意义上与西方的平等对话。同时，从当代中国的改革实践来看，西方的话语逻辑不但解释不了中国，其盛行带来的更为严重的后果则是使国人失去自我的文化认同与文化自信，忘记了中华民族的族群身份。因此，党的十八大以来，我们党站在新的历史高度，重新审视文化传统，理性看待西方文明，统揽国内国际全局，把不断提升国家文化软实力，建设"社会主义文化强国"作为一项重要战略。

国家稳定，民族团结，其核心纽带是精神文化之认同。任何强国要想获得持久影响力，就不能只靠科技军事实力，必须有相应的文化软实力支撑。如国家的文化软实力跟不上，即使硬实力再强大，亦会祸起萧墙，不攻自破。苏联的军事实力不可谓不强，科学技术、工业规模世界领先，是超级大国之一，但其却忽视了文化和意识形态建设，于是走向崩塌解体。鉴于此，早在 20 世纪末，邓小平便提出了"两手抓，两手都要硬"的重要战略论述。党的十八大以来，习近平总书记十分重视文化建设工作，强调若没有中国特色社会主义先进文化作为精神支撑，就不能实现中华民族的伟大复兴。因此，文化可兴邦亦能误国。

针对后冷战时期西方一时甚嚣尘上的"文明冲突论"，习近平总书记指出，文明是多彩的、平等的与包容的，"只有交流互鉴，一种文明才能充满生命力。只要秉持包容精神，就不存在什么'文明冲突'，就可以实现文明和谐"。只有建设强大的中国特色社会主义先进文化，重塑中国在世界上的文明大国形象，才能让西方放弃"文明冲突论"的后冷战思维，平和理性地认识中华文化，看待中华民族的伟大复兴，才能为世界的和平与发展营造良好的文化氛围。

建设社会主义文化强国，其最终目的是造福于民。习近平总书记强调："人民对美好生活的向往，就是我们的奋斗目标。"中华民族上下五

① 郑永年. 通往大国之路：中国的知识重建和文明复兴. 北京：东方出版社，2012：70.

千年，不论历史如何变迁、王朝如何更迭，始终持续融合，其疆域不断扩大，影响日益增加。究其缘由，即在于在中华民族的血液里有着一脉相承的文化基因。但血液是要常新的，否则既不能满足人民日益增长的精神文化需求，也将被时代所淘汰。因此，建设社会主义文化强国就须不断地“造血”，为中华民族增添新的精神文化力量。而此新力量的最后承载，就是国人精神文化素质的全面提升。自觉承继中华民族的优秀文化基因，积极培育具有当代文明素质的新国民，这是中华民族的最大福祉。

正如习近平总书记所言：“我们比历史上任何时期都更接近实现中华民族伟大复兴的目标，比历史上任何时期都更有信心、更有能力实现这个目标。”站立在有如此悠久历史文明的当代中国，走我们自己的道路，舞台无比宽阔。不忘昨日的苦难辉煌，无愧时代的使命担当，让我们一起努力，“以中国为方法”①，提供本土的精神价值，重建自身的话语逻辑，早日实现社会主义文化强国的“中国梦”。

第 2 节　中国道路的文化方案

党的十八大首次提出了坚定“三个自信”，即道路自信、理论自信、制度自信。在党的十八届三中全会上，又进一步要求“不断增强中国特色社会主义道路自信、理论自信、制度自信”，由此明确了中国共产党关于中国特色社会主义道路自信、理论自信、制度自信“三个自信”的理论表述。同时，以习近平同志为核心的党中央在治国理政实践和思想中，不断加强党的文化建设，不断增进党的文化自觉，不断凸显党的文

---

① 沟口雄三认为，以往都是以世界作为方法来研究中国，而这一代表性的普遍法则的世界归根结底却只是欧洲而已。但“以中国为方法”的世界观却是把中国作为构成要素之一，把欧洲也仅作为构成要素之一，进而形成多元而丰富的世界。他认为，20 世纪是以欧洲为先进的世纪，而 21 世纪则将在中国和欧洲齐头并进中拉开序幕，“把中国作为方法，就是要迈向原理的创造——同时也是世界本身的创造”。沟口雄三．作为方法的中国．北京：三联书店，2011：130-133.

化自信，实现了中国特色社会主义从“三个自信”到“四个自信”的战略跨越。2014 年 2 月，习近平总书记在中共中央政治局第十三次集体学习时强调，“要讲清楚中华优秀传统文化的历史渊源、发展脉络、基本走向，讲清楚中华文化的独特创造、价值理念、鲜明特色，增强文化自信”，明确提出了文化自信的时代命题。在 2014 年“两会”期间，他在参加贵州代表团审议时说，“我们要坚持道路自信、理论自信、制度自信，最根本的还有一个文化自信”，这里首次提出了文化自信是“三个自信”的根本的思想。2014 年 12 月，在与澳门大学学生座谈时，他再次提及，“五千多年文明史，源远流长。而且我们是没有断流的文化。建立制度自信、理论自信、道路自信，还有文化自信。文化自信是基础”，这就进一步把文化自信提升到“三个自信”的基础的战略高度。2016 年 5 月，在哲学社会科学工作座谈会上，他进一步强调，“要坚定中国特色社会主义道路自信、理论自信、制度自信，说到底是要坚定文化自信，文化自信是更基本、更深沉、更持久的力量”，这里把文化自信明确阐释为“三个自信”的力量之源。

习近平总书记虽已把文化自信作为“三个自信”的根本和基础，但并未认为其与“三个自信”是一种平行并列的逻辑关系，而只是将其作为对“三个自信”文化内涵的理论阐释。我们发现，2016 年 6 月 28 日在中共中央政治局进行第三十三次集体学习时，习近平总书记的讲话值得高度重视。他强调，“坚定中国特色社会主义道路自信、理论自信、制度自信、文化自信”，这里第一次把“四个自信”并列提出。在随后庆祝中国共产党成立 95 周年大会的讲话中，他指出：“坚持不忘初心、继续前进，就要坚持中国特色社会主义道路自信、理论自信、制度自信、文化自信，……文化自信，是更基础、更广泛、更深厚的自信。”习近平总书记明确把文化自信提升到与“三个自信”平行的高度，四者形成了一种并列的逻辑关系。由此，他完成了我们党关于“道路自信、理论自信、制度自信、文化自信”即“四个自信”的重要论述，把文化自信提升到了前所未有的新高度。党的十九大在修改党章时，明确把“四个自信”写入党章。这是我们党在新时期的重大战略定位与布局，反映了中国共产党人在文化建设进程中的正心诚意与理论自觉。

习近平总书记提出文化自信背后的理论逻辑何在？中国道路又能为人类探索更好社会制度贡献何种中国文化方案？我们认为，其主要立足于以下三方面强大而丰富的思想理论资源：

一、中华优秀传统文化

怎样对待民族历史？怎样对待传统文化？这是任何国家在实现现代化和确立文化自信的过程中都必须解决好的问题。

我们党一贯重视学习优秀传统文化，一贯重视借鉴民族历史经验。早在延安时期，在领导激烈的革命斗争的过程中，我们党就十分注重马克思主义与优秀传统文化的会通，不断推进马克思主义中国化。毛泽东在《新民主主义论》中强调，“中国的长期封建社会中，创造了灿烂的古代文化。清理古代文化的发展过程，剔除其封建性的糟粕，吸收其民主性的精华，是发展民族新文化提高民族自信心的必要条件”。他在《同英国记者斯坦因的谈话》中指出：“中国历史遗留给我们的东西中有很多好东西，这是千真万确的。我们必须把这些遗产变成自己的东西。”特别值得指出的是，1943 年 5 月 26 日《中国共产党中央委员会关于共产国际执委主席团提议解散共产国际的决定》指出，“中国共产党人是我们民族一切文化、思想、道德的最优秀传统的继承者，把这一切优秀传统看成和自己血肉相连的东西，而且将继续加以发扬光大。……要使得马克思列宁主义这一革命科学更进一步地和中国革命实践、中国历史、中国文化深相结合起来。这一运动表现了中国共产党人在思想上的创造才能，一如他们在革命实践上的创造才能”。该论断明确要求我们党努力实现马克思主义与中国革命实践、中国历史、中国文化相结合，第一次将其与“在革命实践上的创造才能”相提并论，可称为我们共产党人“在思想上的创造才能”，可谓影响深远，意义重大。党的十九大报告明确指出，“中国特色社会主义文化，源自于中华民族五千多年文明历史所孕育的中华优秀传统文化”，并特别强调：“中国共产党从成立之日起，既是中国先进文化的积极引领者和践行者，又是中华优秀传统文化的忠实传承者和弘扬者。”①

在 5 000 多年文明发展进程中，中华民族创造了博大精深的灿烂文化，形成了富有特色的思想体系，积淀了厚重质朴的民族精神。其中以讲仁爱、重民本、守诚信、崇正义、尚和合、求大同等为代表的文化价值与精神理想，不仅跨越时空、超越国界，而且富有永恒魅力、具有当代价值。正如习近平总书记指出的：“抛弃传统、丢掉根本，就等于割断了自己的精神命脉。博大精深的中华优秀传统文化是我们在世界文化激荡中站稳脚跟的根基。”因此，中国特色社会主义文化发展道路必须立足中华优秀传统文化，使中华民族最基本的文化基因与当代文化相适应、与现代社会相协调，推动中华优秀文化的创造性转化、创新性发展。

二、红色革命文化资源

《中华人民共和国宪法》开篇即言，中国“具有光荣的革命传统”。一部中国共产党领导人民进行革命的历史，就是一部奋斗史，也是不断孕育革命精神、弘扬革命文化的红色历史。

在建党初期，党的缔造者们不怕牺牲，不畏艰难，坚定理想信念，孕育了党的红船精神。习近平总书记在浙江工作时曾阐释其深刻内涵，就是“开天辟地、敢为人先的首创精神，坚定理想、百折不挠的奋斗精神，立党为公、忠诚为民的奉献精神”，这就明确把红船精神提升到“中国革命精神之源”的新高度。在土地革命时期，中国共产党形成了“坚定信念、艰苦奋斗，实事求是、敢闯新路，依靠群众、勇于胜利”的井冈山精神，以及“人民利益至上，坚定理想信念，不怕牺牲，独立自主，实事求是，顾全大局，严守纪律，紧密团结，依靠人民，艰苦奋斗”的长征精神。在抗日战争时期，我们党形成了延安精神，它是我们党坚定信仰、富于理性、充满激情的革命精神的集中表达，其内涵主要表现为：一是无私奉献的精神，这集中体现在毛泽东对白求恩精神品质

① 习近平．决胜全面建成小康社会 夺取新时代中国特色社会主义伟大胜利——在中国共产党第十九次全国代表大会上的报告．北京：人民出版社，2017：41，44.

的概括上。“白求恩同志毫不利己专门利人的精神，表现在他对工作的极端的负责任，对同志对人民的极端的热忱。每个共产党员都要学习他。”二是为人民服务的精神，这集中体现在张思德身上。“张思德同志是为人民利益而死的，他的死是比泰山还要重的。……中国人民正在受难，我们有责任解救他们，我们要努力奋斗。”三是实事求是的精神，这既是党的思想路线，又是毛泽东思想的精华。正是在延安精神的引领下，党赢得了人心，获取了文化领导权。在解放战争时期，形成了应对历史性考试的西柏坡精神。其内涵主要表现为“两个务必”，即“务必使同志们继续地保持谦虚、谨慎、不骄、不躁的作风，务必使同志们继续地保持艰苦奋斗的作风”。这是我们党即将取得全国政权时的又一次精神洗礼，体现了思想上的深谋远虑。

党的革命文化发展进程集中体现了党的优良传统和作风，是党在奋斗历程中积累的最宝贵的精神财富。中国特色社会主义文化发展道路必须立足于红色革命文化资源，使其精神内涵一脉相承，使我们党青春永驻，永葆先进性！

井冈山红旗雕塑

三、社会主义先进文化资源

旗帜就是方向，方向决定道路，道路关乎命运。高举什么样的文化旗帜，坚持什么样的文化方向，开辟什么样的文化道路，是一个政党的生命之源与精神之钙。

我们党作为马克思主义政党，自成立之日起，就以先进文化来武装全党，坚定地以马克思主义为指导思想；在不断推进马克思主义中国化进程中，诞生了毛泽东思想及中国特色社会主义理论体系，代表了中国革命、建设、改革各阶段先进文化的前进方向。有人担心不断推进马克思主义中国化会丢掉马克思主义的本质。这种担心大可不必。正如艾思奇所说，“马克思主义之所以能中国化，就因为马克思主义有一般的正确性，正因为它是‘放之四海而皆准的’，是‘万能的’。倘若它没有这一般的正确性，倘若它仅仅是特殊的东西，那就完全谈不到‘化’的问题了。……决不会因为要中国化而丢了马克思主义的科学理论，相反地，真正的中国化，就是要真正地能够把握着马克思主义的理论”①。作为马克思主义的政党，中国共产党高举中国特色社会主义伟大旗帜，其性质决定了要努力建设顺应先进生产力发展要求、符合最广大人民根本利益的社会主义先进文化。中国特色社会主义文化发展道路必须立足于社会主义先进文化资源，这样才能继续把中国特色社会主义伟大事业推向前进。

当然，中国特色社会主义文化发展道路虽然立足于这三方面强大而丰富的思想理论资源，但并非妄自尊大，把世界先进文化拒之门外。我们要不忘“本来”，吸收“外来”。在建设社会主义文化强国的征程中，当然要学习和借鉴人类文明的一切优秀成果，但既不能简单照搬，又不能随意模仿，而应从中国问题出发，在内容和形式上积极创新，不断增强中国特色社会主义先进文化的吸引力和感召力。

正如习近平总书记所言：“当今世界，要说哪个政党、哪个国家、

---

① 艾思奇．艾思奇文集：第 1 卷．北京：人民出版社，1981：482-483.

哪个民族能够自信的话，那中国共产党、中华人民共和国、中华民族是最有理由自信的。有了‘自信人生二百年，会当水击三千里’的勇气，我们就能毫无畏惧面对一切困难和挑战，就能坚定不移开辟新天地、创造新奇迹。”一个政党、一个国家、一个民族的强盛，总是以文化兴盛为支撑，中华民族伟大复兴需要以中华文化发展繁荣为条件。经过40年经济社会的高速发展，中国在当今世界的经济规模、国际地位已今非昔比。中国共产党作为执政党，其丰富发展马克思主义的高度、继承优秀传统文化的态度、弘扬红色革命文化的力度、借鉴世界优秀文化的广度，必将受到历史与人民给予的积极的评价。对此，我们要有强烈的责任感与使命意识。习近平总书记提出“四个自信”，重视文化建设和文化软实力提升，可谓正当其时。

中国特色社会主义文化道路是一条与时俱进的发展道路。我们的文化道路始终坚持不忘“本来”、吸收“外来”、面向未来的发展方针。不忘“本来”，即中国文化道路要继承深厚的民族传统文化、科学的马克思主义、丰富的革命文化。如果抛弃传统、丢掉根本，就改变了文化基因，就丧失了文化特质。“本来”是安身立命的文化根基，是在世界文化激荡中站稳脚跟的“定海神针”。吸收“外来”，即中国文化道路要学习和借鉴人类文明的一切优秀成果。对待外来文化采取何种态度，考验着一个国家的文化自信。一个国家的文化越是自信，就越能够以积极态度对待外来文化，在互动交流中得到丰富发展。面向未来，即中国文化道路不仅有光辉灿烂的悠久历史，有改革开放的伟大实践，更有引领未来的光明前景。审视自己、放眼世界、展望未来，中国的发展、世界的变化、人类的活力为中国文化道路提供了前所未有的历史机遇，中国文化必将为人类未来提供一套具有人文理性的中国方案。

第3节　中国道路的价值贡献

从价值维度来观察中国道路，中国道路的价值伸张越来越多地表现为价值期待。价值期待主体既包含中国本身，更包含所有意识到中国崛起的其他国家。因此，中国道路在价值上既有特殊性又有普遍性，在全球化形成的利益共同体中必然能释放出其应有的价值和意义。显然，当中国道路作为价值期待时，社会主义中国的文化、价值和意义才能得到最大程度的彰显和发挥。所以，一个必须厘清的问题是，中国道路何以成为价值期待，即中国道路呈现为价值时内在地说明了什么。

一、中国道路的价值期待

党的十一届三中全会以后，中国开启了解放思想的步伐，以开放的姿态融入全球化进程。承认中国道路的本质是中国特色社会主义，意味着认识到了马克思主义中国化对中国道路的重要意义。然而，在全球化开启后的时间轴中，中国问题转化为世界问题，我们必须同时面对“马克思主义的中国化”和“马克思主义的国际化”。俞吾金认为：“马克思主义的国际化意味着当代中国的马克思主义研究者们对国外马克思主义的历史和现状有着全面的、透彻的了解；他们能把中国特色社会主义理论体系正确地介绍到世界各国去，使之成为国际上最有生命力和影响因子的理论思潮之一。”① 显然，改革开放将中国道路中的“道”与“路”呈现在了世界之中，中国道路中蕴含的“主义”、意义和道理必然呈现为一种价值上的“中国方案”，进而使得价值期待获得了可能性。需要指出的是，改革开放成为开启中国道路的价值期待的另一重要原因是，处在改革开放新时期的“现在”之中，我们对中国的“过去”有了更深的理解，能更好地把中国传统文化、革命和建设时期的文化进行创造性转换，将其价值势能释放出来。正如马克思所指出的，“人体解剖对于猴体解剖是一把钥匙”，改革开放开启的马克思主义的中国化与国际化，必然使我们在理解现在的基础上更好地解释历史，使传统文化和革命文化在人类命运共同体中重新找到价值坐标。

---

① 俞吾金．被遮蔽的马克思．北京：人民出版社，2012：480.

二、中国道路的价值坐标

显然，不进入世界历史之维，就不可能有“中国道路”这个说法。而中国道路在国际上的价值期待显然不是一厢情愿，而是在各种比较、对抗、冲撞中形成的。亨廷顿的“文明冲突论”把当代世界文明划分为西方文明、中华文明、伊斯兰文明等七大文明，通过对比各种文明力量，他得出结论：文明的冲突是对世界和平的最大威胁。但需要注意，亨廷顿使用“文明”这个概念并非要高扬各个文明体的文化价值，而是凸显出一种建立在西方中心主义基础上的文化帝国主义。文明冲突的实质是价值冲突。亨廷顿在论述“文化的重要作用”时实际上是在讨论文化背后的价值动机如何影响人类①。所以，当中国道路被置于全球化之中时，中国道路的表达价值和意义必然处在各种价值冲撞之中。例如，中国传统文化中的仁爱原则、礼教精神、责任意识、社群本位，都与西方的个人主义价值立场相反，革命理想中的集体主义、牺牲精神、无私奉献精神与自由主义形成强烈的价值冲撞。因此，在比较视域下来看，中国道路就是中国的政治主体性，在全球化的价值冲撞之下，中国道路的价值“分辨率”才得以彰显，其制度先进性和优越性才得到释放。因此，我们必须清醒地认识到：第一，中国道路以文化（文明）的形态呈现，而文化的冲突实质上是价值与意识形态的冲突。第二，中国道路独特的价值内涵必须破除“镜像思维”，即把西方所谓的“普世价值”作为中国发展的“价值镜像”，否则中国道路的主体性会被遮蔽，中国道路就有成为西方发展注脚的危险，更谈不上提供价值贡献了。

第 4 节　中国道路的文明性贡献

在轴心时代人类文明的开创者中，可大可久且一直保持连续性的，

---

① 萨缪尔·亨廷顿，劳伦斯·哈里森. 文化的重要作用——价值观如何影响人类进步. 北京：新华出版社，2010：7-10.

只有中华文明。历史上，中华文明和其他文明一样，几经兴衰，但它具有异常强大的解释和同化、学习和更新的能力。近代中国遭遇西方资本主义文明，最终选择以马克思主义和社会主义来建立新中国，探索一种超越资本主义的社会主义现代化道路，就是这种学习-创新型文明的体现。中国道路是中国化马克思主义的最新成果，它会在不断的学习和创新中保持恒久的生机活力。

一、中国道路的文明渊源

（一）中国道路植根于学习型文明、大一统国家和先进性团体三者有机统一的中华文明传统之中

中华文明葆有大一统国家的政治理想，中国正史就是一部大一统国家的持续重建史。殷周之变意义重大，实质虽仍是封建贵族制，但将宗权合于君权，尊王即尊一统。秦朝确立了中央集权的郡县君主制，汉承秦制，独尊儒术，奠定了延续 2 000 多年的封建社会的制度格局。辛亥革命后，民国陷入军阀分裂，中国革命“反帝反封建”就是为了重建独立自主、统一集中的国家主权。任何无助于解决乃至有害于中国的政治整合和统一问题的方案，最终都会失败。中国道路提供了一元化的思想指导和政治领导、单一制的国家结构、包括民族区域自治制度和“一国两制”在内的多元一体制度，这些都是对大一统政治的继承和发扬。

中华文明将政治理解为“统治”，甚至是“教化”，而且有一个先进性团体担当政教使命，正是由此，学习型文明与大一统国家得以有机联结起来。这个先进性团体，过去就是儒家士大夫团体，现在则是中国共产党这一先锋队组织。儒家相信人性中的良知良能，奉行选贤任能的“贤能政治”，厚德重教，隋唐后科举制成为重要支撑。中国共产党是一个学习型、服务型、创新型政党，重视“觉悟”和人自身的精神力量，也更加崇尚德性的平等，强调党员干部与一般群众相互学习教育的“师生辩证法”，选拔干部则依靠强大高能的“组织部”这一体制中枢。

（二）中国道路植根于知时达变守中的中华文明道体之中

一个文明的核心和精髓，是其道体。中华文明理解的“自然”，原初就是“日月之行”的变易，因此中华文明之道，体现为一种易学辩证法。这使中华文明具有与时俱进、通达变化、持守中道的显著特征，表现在实际的社会政治生活中，就是极高明而道中庸，不走极端，崇尚和谐，富于节制和平衡的精神。“一阴一阳之谓道”，是对中华文明之道最为形象的表述。

中国道路是在不断深化对共产党执政规律、社会主义建设规律、人类社会发展规律的认识中形成的，也是在根据变化的形势与任务进行自我调整和自我完善的过程中形成的。在中国共产党长期执政的条件下，在社会主义初级阶段，它业已具有了较为成熟的形态。比如在国家治理体系方面，“中国方案”就强调要同时注重发挥政府和市场“两只手”、国有经济和民营经济“两只脚”、中央和地方“两个积极性”的作用，而不能有所偏废，这在实质上就是要形成一个相对平衡稳定、可持续有效运转的体制机制和治理结构。此外，在处理很多矛盾时，中国道路都表现出这种不走极端、追求均衡协调的特质。当然，由于矛盾的斗争性是绝对的，统一性是相对的，中国道路所追求的均衡协调，也就不可能是静止的，而是动态的。

（三）中国道路植根于“天下为公”的中华文明理想情怀之中

中华文明的至高理想是“大道之行也，天下为公”。每个人都可以各得其所、各安其位、各尽其能、各取所需，如此形成一个亲睦协调、团结有情的和谐社会。期待这样一个太平世界的到来，实现这样一种崇高的社会理想，一直都是中华文明的内在追求。其中积蕴的“天下”情怀，是对于人类命运和幸福的普遍担当。中国道路是一个社会主义的方案，也是以共产主义为终极目标的方案。在中国共产党的早期领袖中，有不少人一开始就把共产主义理解为中华文明的“大同”理想。比如，周恩来 1918 年旅日期间立志去做那最新最近于大同理想的事情。毛泽东在青年时期，也受到康有为《大同书》的深刻影响。

社会主义的中国道路对中华文明理想的继承，最集中地体现在中国自身对更好社会制度的探索和创造中。建立一个共有共富共建共享共治共荣的较高级、较发达阶段的社会主义社会，当是中国道路努力的中长期目标。中国道路也倡导构建“人类命运共同体”，试图为推进人类和平发展与共同进步贡献自己的智慧和力量。正是源于中华文明的特质，中华民族在实现伟大复兴的进程中，必将为人类共同事业做出更大的贡献。

（四）中国道路植根于中华易道文明与马克思主义哲学的有机结合之中

中国道路赓续了中华文明所具有的与时俱进、通达变化、持守中道的特征，在处理实际问题与矛盾时表现出不走极端、追求均衡协调的特质。在哲学上，中国道路遵循的是一种辩证的、系统的实践唯物主义的世界观和方法论。这是中华易道文明与马克思主义哲学相结合的产物。

首先，中国道路坚持辩证唯物论的基本立场、观点和方法，坚持物质第一性、社会存在决定社会意识、经济基础决定上层建筑的基本原理，认为社会主义的本质是不断解放和发展社会生产力，最终实现共同富裕，在实际工作中也坚持以经济建设为中心，把是否有利于不断提高人民群众的生产生活水平当作检验工作成果的基本标准，把搞好发展作为执政兴国的第一要务。

其次，中国道路坚持实践论的基本立场、观点和方法，认为实践是人类正确认识的来源，并把实践当作检验真理的唯一标准，坚持在“实践—认识—再实践—再认识”的反复无穷的过程中不断把中国特色社会主义事业推向前进。中国道路和中国方案，都是党和人民在长期实践探索中形成和发展起来的，注重从客观实际出发，立足中国基本国情，具有坚实的实践基础。

再次，中国道路坚持系统论的基本立场、观点和方法，从整体的、全面的视角来看待中国特色社会主义的发展问题。比如，“中国方案”坚持统筹推进社会主义市场经济、民主政治、和谐社会、先进文化、生态文明建设的“五位一体”总体布局，坚持协调推进全面建成小康社会、全面深化改革、全面依法治国和全面从严治党“四个全面”战略布局，都是系统论的最好体现。

最后，中国道路坚持辩证法，这是最重要的方法论。它坚持矛盾论，坚持用发展的眼光看问题，坚持把中国特色社会主义建设看作一个动态均衡的过程。有不少人仍对中国特色社会主义到底“特”在何处抱有疑问。实际上，它特就特在中国共产党的领导，特就特在把看似矛盾的不同事物或事物的不同方面结合在了一起。中国道路注重改革发展历史进程中基本的矛盾关系的结合与协调，具有可持续性，不摇摆；注重原则性和灵活性的统一，能有效解决我国改革发展进程中的问题，蕴含着治国理政的政治智慧，不僵化。在开创中国道路进程中形成的一些主要的理论创新，包括社会主义初级阶段理论、社会主义市场经济理论、科学发展观、社会主义和谐社会理论等，都体现了辩证法。

二、中国道路的文明贡献

（一）中国道路贡献了推己及人的发展理念

中国道路是在中国形成的，同时也是在与世界深度互动、向世界深度开放的过程中形成的。因此，中国道路不仅实现了自身的发展，也为世界带来更多发展机遇。中国道路建立在中国经验的基础之上，并非由中国领导人凭空拍脑袋想出，它不仅已被事实证明有助于中国自身的发展，也将由未来证明同样有助于世界经济的发展。中国对内对外不搞两套话语，而是遵循着同样的逻辑与哲学，对人对己一个样，表达了同样的善意、同样的要求。

（二）中国道路贡献了合作共赢的分享理念

中国道路自然要通过创新与改革为发展提供动力和活力，但这并不能说明发展本身的目的究竟是什么。在经济全球化时代，各国发展环环相扣、唇齿相依。没有哪一个国家可以独善其身，协调合作是必然选择。只有通过合作，才可能实现联动发展，也才可能实现包容和可持续发展。习近平反复提到一个事实："据有关统计，现在世界基尼系数已经达到 0.7 左右，超过了公认的 0.6 '危险线'，必须引起我们的高度关注。"因此他强调，二十国集团不仅属于二十个成员国，也属于全世界。应该减少全球发展的不平等和不平衡，让增长和发展惠及所有国家和人民，让各国人民特别是发展中国家人民的日子都一天天好起来。习近平谈到了中国自身的扶贫问题，相应地，也谈到了对非洲和最不发达国家发展的支持，其所遵循的内外一致的逻辑非常明显，最能反映中国道路的实质。

（三）中国道路贡献了和合共生的包容理念

中国创造出创新型、开放型、联动型、包容型的中国方案绝非偶然。有些西方国家固守过时的冷战思维，坚持霸权主义的道路，采取以邻为壑的政策，这些无论如何都无法解决全球化时代人类共同面临的发展难题，更不可能真正建立一个更加公正合理的国际秩序。习近平总书记指出："和衷共济、和合共生是中华民族的历史基因，也是东方文明的精髓。"互联互通、平等相待、同舟共济、公平共享、合作共赢、伙伴精神、人类命运共同体等，这些理念的源头活水正在于此。清华大学陈来教授认为："古典中华文明的哲学宇宙观是强调连续、动态、关联、关系、整体的观点……从这种有机整体主义出发，宇宙的一切都是相互依存、相互联系的，每一事物都是在与他者的关系中显现自己的存在和价值，故人与自然、人与人、文化与文化应当建立共生和谐的关系。"①这为中国道路进一步找到了更深层的哲学基础。

中国用几十年时间完成了其他国家几百年走过的发展历程，探索出一条属于自己的中国特色社会主义发展道路，形成了应对发展和治理问题的"中国方案"。在未来进一步推进改革开放的进程中，这一方案将更加完善、成熟和定型。相信中国和世界会愈加深度交融，中国道路会越来越为世界各国人民所理解、所认可，中国人民完全有信心为人类对更好社会制度的探索提供中国方案。

---

① 陈来. 中华文明的核心价值. 北京：三联书店，2015：4.

第 7 章

中国道路的和平性贡献

7 中国道路的和平性贡献

新中国成立 60 多年以来，尤其是改革开放 40 年以来，中国在建设中国特色社会主义征程上逐步探索并确立起一条和平发展的道路，为实现国家现代化和人民共同富裕指明了方向。党的十八大以来，以习近平同志为核心的党中央确立了实现中华民族伟大复兴的中国梦的国家总体发展战略。习近平总书记明确指出，中国梦与和平发展道路的内在要求是一致的，和平发展道路是实现中国梦这一崇高目标的唯一正确途径[①]。

多年来的历史实践证明，只有社会主义才能救中国，只有坚持和平发展道路中国才能发展社会主义。始终不渝走和平发展道路不仅承载了 13 亿多中国人民实现民族伟大复兴的中国梦的期盼，也寄托了中国人民在一个全球化的时代，在一个各国荣辱与共、命运相依的地球村中对实现世界和平的美好期待。党的十九大郑重宣告：中国人民愿同各国人民一道，推动人类命运共同体建设，共同创造人类的美好未来。

第 1 节　中国和平发展道路的开辟

习近平总书记在中共中央政治局第三次集体学习时指出："我们的和平发展道路来之不易，是新中国成立以来特别是改革开放以来，我们党经过艰辛探索和不断实践逐步形成的。"这句话道出了中国坚持走和平发展道路的历史渊源。

早在建国初期，毛泽东主席就曾多次指出："我们现在需要几十年的和平，至少几十年的和平，以便开发国内的生产，改善人民的生活。我们不愿打仗。假如能创造这样一个环境，那就很好。凡是赞成这个目标的，我们都能同它合作。""我们应该共同努力来防止战争，争取持久的和平。"这反映出，我们党已经开始思考和平与发展的辩证统一问题。

1954 年 4 月 29 日，中国和印度两国签订了《关于中国西藏地方和

---

① 王毅．坚定不移走和平发展道路　为实现民族复兴中国梦营造良好国际环境．国际问题研究，2014（1）.

印度之间的通商和交通协定》。印度同意中国提出的互相尊重主权和领土完整、互不侵犯、互不干涉内政、平等互利、和平共处五项原则作为指导两国关系的准则，并在该协定的序文中对五项原则给予正式的确定。同年 6 月，周恩来总理访问印度和缅甸。在中印两国总理和中缅两国总理分别发表的《联合声明》中，五项原则再次得到确认。和平共处五项原则为社会制度不同的国家之间处理相互关系提供了准则，体现了亚非国家反对帝国主义干涉、捍卫民族独立和主权、要求平等参与国际事务的愿望。对于和平共处五项原则，毛泽东主席在 1954 年 7 月 7 日中共中央政治局扩大会议上进一步明确指出，“缓和国际紧张局势，不同制度的国家可以和平共处，这是苏联提出来的口号，也是我们的口号”①。“总之，国际上我们就是执行这个方针，只要在和平这个问题上能够团结的，就和他们拉关系，来保卫我们的国家，保卫社会主义，为建设一个伟大的社会主义国家而奋斗。”②

1955 年 4 月 18 日至 24 日，万隆会议召开。4 月 18 日上午，亚非两大洲的第一次历史性聚会在万隆独立厅隆重开幕，来自两大洲的 304 位代表出席会议。会议通过的著名的“万隆会议十项原则”成为万隆会议达成的最重要的协议，是和平共处五项原则的延伸和发展，再一次为愿意和平共处的国家指出了努力的方向。与此同时，万隆会议为与会国提供了难得的相互接触的机会，使亚非国家能够自由地交换意见。这种面对面的接触促进了各国的相互了解和尊重，加强了亚非国家的团结，是和平共处的生动体现。历史证明，“万隆会议十项原则”体现了《联合国宪章》的精神，成为国际社会普遍承认的国际关系基本准则，提供了相同或不同社会制度的国家之间建立和发展关系的正确指导原则，指明了和平解决国家间历史遗留问题及国际争端的有效途径③。可以说，万隆会议的圆满召开体现了和平共处五项原则的强大生命力，成为新中国和平外交政策的一次成功尝试。和平共处五项原则走向了世界，追求世

---

① 毛泽东．毛泽东文集：第 6 卷．北京：人民出版社，1999：334.

② 同①335.

③ 卢秋田．弘扬万隆会议精神　坚持和平发展道路．求是，2005（8）.

界和平的中国也步入世人眼中。

万隆会议主要会场之一——和平女神大厦

邓小平继承与发展了和平共处五项原则。他指出："考虑国与国之间的关系主要应该从国家自身的战略利益出发。着眼于自身长远的战略利益，同时也尊重对方的利益，而不去计较历史的恩怨，不去计较社会制度和意识形态的差别，并且国家不分大小强弱都相互尊重，平等相待。这样，什么问题都可以妥善解决。"1984 年，邓小平明确指出："处理国与国之间的关系，和平共处五项原则是最好的方式。其他方式，如'大家庭'方式，'集团政治'方式，'势力范围'方式，都会带来矛盾，激化国际局势。总结国际关系的实践，最具有强大生命力的就是和平共处五项原则。"1988 年，邓小平在会见印度总理拉吉夫·甘地时进一步提出，国际政治经济新秩序应该建立在和平共处五项原则的基础上。邓小平认为："这五项原则非常明确，干净利落，清清楚楚。"

与此同时，邓小平还在思考另一个事关全局的重大问题，即当今世界的主题是什么。1983 年 3 月 2 日，邓小平在同中央几位负责同志谈话时指出:“现在的问题是要注意争取时间,该上的要上。大战打不起来,不要怕,不存在什么冒险的问题。以前总是担心打仗,每年总要说一次。现在看,担心得过分了。我看至少十年打不起来。”1985 年,邓小平根据新的国际形势,提出了和平与发展是当今世界两大主题的新论断。正是基于这样的思考,邓小平早在党的十二大开幕式上就指出:“加紧社会主义现代化建设,争取实现包括台湾在内的祖国统一,反对霸权主义、维护世界和平,是我国人民在八十年代的三大任务。这三大任务中,核心是经济建设,它是解决国际国内问题的基础。”在这三大任务中,和平与发展并列起来,成为我们党和国家的战略目标和追求。在发展问题上,中国开启了改革开放的全新征程;在对外战略上,中国开始了第三次外交转型,独立自主的和平外交成为中国外交的基本原则。可以说,党的十一届三中全会以来,邓小平所考虑的一切都是为了探索中国和平发展的新道路。他指出,“我们集中力量搞四个现代化,着眼于振兴中华民族”,否则“中国在世界上就没有应有的地位”。

冷战结束以后,随着全球化进程的发展,世界虽然远离了世界大战的威胁,但霸权主义、强权政治和新干涉主义开始成为世界和地区和平的主要威胁。与此同时,中国的发展虽然具有更为坚实的物质基础,但发展的任务不是减轻了,而是更为繁重了,尤其是融入世界经济体系开始成为中国发展的时代命题。2001 年中国加入 WTO,开启了中国在既有国际体系内谋和平、促发展的新征程。

全球化进程与在既有国际体系内发展,为中国提供了难得的发展机遇。与此同时,随着中国日渐发展壮大,“中国威胁论”甚嚣尘上,中国在西方人眼中开始成为不确定性的代名词。为中国改革开放营造良好的国际舆论氛围,为国内发展缔造良好的国际环境,成为中国现代化建设的一大任务。

中国将始终不渝走和平发展的道路。习近平总书记在国内外多个重要场合对中国坚定不移走和平发展道路做了重要论述,进一步丰富和发展了和平发展道路思想。习近平总书记在主持 2013 年 1 月 28 日中共中央政治局第三次集体学习时强调,“中国走和平发展道路,其他国家也都要走和平发展道路”。习近平总书记对和平发展道路的一大贡献在于提出底线思维和底线原则。在此次中共中央政治局集体学习时，习近平总书记强调：“我们要坚持走和平发展道路，但决不能放弃我们的正当权益，决不能牺牲国家核心利益。任何外国不要指望我们会拿自己的核心利益做交易，不要指望我们会吞下损害我国主权、安全、发展利益的苦果。中国走和平发展道路，其他国家也都要走和平发展道路，只有各国都走和平发展道路，各国才能共同发展，国与国才能和平相处。我们要广泛深入宣传我国坚持走和平发展道路的战略思想，引导国际社会正确认识和对待我国的发展，中国发展绝不以牺牲别国利益为代价，我们绝不做损人利己、以邻为壑的事情，将坚定不移做和平发展的实践者、共同发展的推动者、多边贸易体制的维护者、全球经济治理的参与者。”底线思维和底线原则的提出具有重大意义，一方面在于，它使追求和平的努力不会蜕变为牺牲国家核心利益的单纯为和平而和平的绥靖主义；另一方面在于，有底线的和平才更具有说服力，才更能赢得国际社会的理解和信任。

近代以来，中华民族最大的梦想就是实现中华民族伟大复兴。和平发展道路与实现中华民族伟大复兴又是什么样的逻辑关系呢？2013 年 1 月 28 日中共中央政治局就坚定不移走和平发展道路进行第三次集体学习。习近平总书记在主持学习时强调：“党的十八大明确提出了‘两个一百年’的奋斗目标，我们还明确提出了实现中华民族伟大复兴的‘中国梦’的奋斗目标。实现我们的奋斗目标，必须有和平国际环境。没有和平，中国和世界都不可能顺利发展；没有发展，中国和世界也不可能有持久和平。我们一定要抓住机遇，集中精力把自己的事情办好，使国家更加富强，使人民更加富裕，依靠不断发展起来的力量更好走和平发展道路。”

2014 年 3 月 27 日，习近平总书记在中法建交 50 周年纪念大会上又一次指出：“中国梦是追求和平的梦。中国梦需要和平，只有和平才能实现梦想。天下太平、共享大同是中华民族绵延数千年的理想。历经苦难，中国人民珍惜和平，希望同世界各国一道共谋和平、共护和平、共享和平。拿破仑说过，中国是一头沉睡的狮子，当这头睡狮醒来时，世界都会为之发抖。中国这头狮子已经醒了，但这是一只和平的、可亲的、文明的狮子。”“中国的历史文化、历史命运、历史条件决定了中国人民必须在自己选择的道路上实现自己的梦想。”当代中国选择了和平发展道路也就意味着，追求和平的中国复兴之梦与中国选择的和平发展道路无论是在形式上还是在内涵、实践、逻辑上都具有内在的一致性和统一性。

尽管中国一再向国际社会宣示要始终不渝走和平发展道路，但在国际社会尤其是西方世界中总是有一种声音，认为虽然中国当前的和平发展确有诚意，但那是因为中国还不够强大；等中国强大以后，攒足了筹码和手段，就有极大的可能放弃和平发展而走向对外扩张的老路。对于这种论调，习近平总书记在不同场合进行了反驳。2014 年 3 月 28 日，他在德国柏林的演讲中强调：“中国走和平发展道路，不是权宜之计，更不是外交辞令，而是从历史、现实、未来的客观判断中得出的结论，是思想自信和实践自觉的有机统一。和平发展道路对中国有利、对世界有利，我们想不出有任何理由不坚持这条被实践证明是走得通的道路。”2015 年 9 月 3 日，在纪念抗日战争暨世界反法西斯战争胜利 70 周年大会上，习近平总书记再次向全世界宣告：“为了和平，中国将始终坚持走和平发展道路。中华民族历来爱好和平。无论发展到哪一步，中国都永远不称霸、永远不搞扩张，永远不会把自身曾经经历过的悲惨遭遇强加给其他民族。”随后，习近平主席在伦敦金融城市政厅的讲话中更加明确地指出：“中国人民想的是和平与发展的世界。和为贵、和而不同、协和万邦等理念在中国代代相传，和平的基因深植于中华民族的血脉之中。近代以后，中国人民历经苦难，所以更珍视和平；中国致力于发展，所以更需要和平；中国期待美好未来，所以更爱护和平。中国坚持走和平发展道路，不接受‘国强必霸’的逻辑。任何人、任何事、任何理由都不能动摇中国走和平发展道路的决心和意志。”习近平主席的讲话极为清晰地表明，中国坚定不移走和平发展道路是没有时限的，也不会因为国家发展强大而走向扩张，和平而非战争始终是中国人民的永久向往。

“不忘初心，牢记使命”是以习近平同志为核心的党中央对全党、全国各族人民发出的伟大号召。中国未来坚持什么样的道路？“就要始终不渝走和平发展道路，始终不渝奉行互利共赢的开放战略，加强同各国的友好往来，同各国人民一道，不断把人类和平与发展的崇高事业推向前进。”与此同时，习近平总书记也在实践中思考中国的和平发展道路。党的十九大报告专辟一章，详细阐述“坚持和平发展道路，推动构建人类命运共同体”。这就为中国以及世界各国共同走和平发展道路指明了方向，和平发展道路的最终归宿得以明确。这也成为习近平总书记对和平发展道路的最新发展和贡献。

回顾新中国的历史，我们选择走和平发展的道路是因为：和平是中国发展的前提，发展的中国是世界和平的保障；中国发展需要和平的环境，世界和平需要中国的发展强大。可以说，自党的十一届三中全会中国奉行改革开放政策以来，中国一路走来，选择的就是一条和平发展的道路。

第 2 节　中国坚持和平发展道路是历史的必然选择

自从 1978 年改革开放成为中国的基本国策以来，中国走上了一条与本国国情和时代特征相适应的和平发展新道路。从国家存在形态上讲，中国和平发展道路，就是和平地实现从政治大国到经济大国的发展道路，就是和平地实现社会主义现代化的发展道路。从更宽广的世界历史视野看，走和平发展道路，就是坚持把中国人民的利益同各国人民的共同利益结合起来，尊重各国人民自主选择发展道路的权利，致力于和平解决国际争端，奉行防御性国防政策，永远不称霸，永远不扩张；就是以自己的发展促进地区和世界共同发展，扩大同各方利益的汇合点，决不做损人利己、以邻为壑的事情；就是坚持在和平共处五项原则基础上，同所有国家发展友好合作，推动国际秩序朝着更加公正合理的方向发展。中国在和平发展道路指引下，高举和平、发展、合作的旗帜，奉行独立自主的和平外交政策，坚定维护国家主权、安全和发展利益，始终不渝坚持和平发展，始终不渝奉行互利共赢，主张各国携手努力，推动建设持久和平、共同繁荣的和谐世界。这些重要思想构成了中国对外政策的完整体系，集中体现的是和平、合作、共赢①。概言之，中国坚持走和平发展道路，体现了中国人民追求世界和平、国家富强的美好愿望，展现了我们党“实事求是、以人为本”的马克思主义态度，是历史发展的必然选择。

一、坚持和平发展道路是社会主义的本质要求

和平是社会主义的内在规定。人类之所以反复重蹈战争摧残的覆辙，归根结底是因为私有制的存在。在私有制的逻辑下，人性的自私贪婪、资本的肆意扩张不是被约束而是被放大、被纵容。当利益驱动下充满自私自利的资本扩张遇到现代民族国家疆界的阻碍、遇到其他国家的竞争时，当自私的资本闯下大祸而自身又无法解决时，作为资本代言人的拥有暴力手段的私有制国家出面了，战争成为满足私欲、纵容资本的最后也是最有力的手段。由于资本主义尤其是垄断资本主义是最高的和最后的私有制，因而是人类历史上最大的战争根源。20 世纪人类经历的两次规模最大、灾难最为惨重的世界大战，正是这种根源演化的产物。与此相反，共产主义意味着私有制的消灭和全人类的彻底解放。由此表明，追求和平是以共产主义为最终目标的社会主义制度的一个内在规定。共产主义不仅不需要侵略扩张，而且以抵制和反对侵略扩张、捍卫人类和平作为自己一个重要的历史任务和政治军事战略思维的重要内容②。

中国选择和平发展的道路，是由中国特色社会主义的本质决定的。在国际力量对比长期不利于社会主义国家的背景下，能否取得和平的国

① 王毅．始终不渝走和平发展道路．求是，2007（23）．

② 毕文波．当代中国军事战略思维与和平发展道路．军事历史研究，2008（4）．

际环境，是发展社会生产力、提高人民生活水平的前提。中国特色社会主义是什么？中国特色社会主义“是不断发展社会生产力的社会主义，是主张和平的社会主义。只有不断发展社会生产力，国家才能一步步富强起来，人民生活才能一步步改善。只有争取到和平的环境，才能比较顺利地发展”①。这两个本质特征，决定着中国和平发展的方向和道路。坚持中国特色社会主义道路与坚持和平发展道路具有内在一致性，也同和平与发展的时代主题是一致的。坚持和平与发展的统一，坚持中国的发展与世界和平、人类共同发展的统一，是中国特色社会主义的一条基本规律和基本原则，也是中国的国家意志。

邓小平从两个方面证明了坚持社会主义对于中国和平发展的重要性。一方面，邓小平认为：“如果我们不坚持社会主义，最终发展起来也不过成为一个附庸国，而且就连想要发展起来也不容易。”② 另一方面，他也指出：“如果十亿人的中国走资本主义道路，对世界是个灾难，是把历史拉向后退，要倒退好多年。如果十亿人的中国不坚持和平政策，不反对霸权主义，或者是随着经济的发展自己搞霸权主义，那对世界也是一个灾难，也是历史的倒退。”这就清晰地表明，邓小平设计的中国和平发展道路，必须避免成为西方“附庸国”或走上霸权道路这两种前景。如果出现其中任何一种结果，就是放弃中国和平发展的道路，也就是放弃中国特色社会主义。“十亿人的中国坚持社会主义，十亿人的中国坚持和平政策，做到这两条，我们的路就走对了，就可能对人类有比较大的贡献。”③

新中国成立 60 多年来，不论国际风云如何变幻，独立自主、爱好和平始终是中国外交的两大本质特征，它不仅构成了我国对外政策的基石，也使中国能够站在国际公理和道义的制高点上④。中国对于和平的

---

① 邓小平．邓小平文选：第 3 卷．北京：人民出版社，1993：328.

② 同①311.

③ 同①158.

④ 王毅．坚定不移走和平发展道路　为实现民族复兴中国梦营造良好国际环境．国际问题研究，2014（1）.

追求源自人民的期盼，更植根于中国特色社会主义的本质属性。

二、坚持和平发展道路是对中国历史文化的传承

中华民族是爱好和平的民族，和平的基因深植于中华民族的血脉之中。2014 年 3 月 28 日，习近平主席在柏林发表演讲时表示，“中华民族是爱好和平的民族。……和平、和睦、和谐的追求深深植根于中华民族的精神世界之中，深深溶化在中国人民的血脉之中。……我们坚持走和平发展道路，是对几千年来中华民族热爱和平的文化传统的继承和发扬”。纵观中国历史，和谐价值观在中国文化中根深蒂固，许多思想家、哲学家甚至把中国文化概括为“和合”文化。早在西周末年就提出了“和实生物，同则不继”的思想。“礼之用，和为贵”，“君子和而不同，小人同而不和”，也表示了对和平的向往。古代哲学中的天人合一、天地人和等思想深入人心。中华民族传承几千年的仁者爱人的人本精神、亲仁善邻的和平志向、以和为贵的和平理念、天下大同的和谐愿景等，都为当今中国走和平发展道路提供了文化支撑。中国明代著名航海家郑和率领当时世界上最强大的船队“七下西洋”，远涉亚非 30 多个国家和地区，带去的是茶叶、瓷器、丝绸、工艺，没有侵占别国一寸土地，留下的是和平与友谊，这充分反映了古代中国与有关国家和人民加强和平交往的诚意。延续 2 000 多年的古丝绸之路本来就是一条传承文明、缔造和平、共同发展的纽带。今天中国倡导的“一带一路”建设依然秉持了当年的古丝绸之路的文明精神，将和平的愿景、发展的机遇传递给沿路沿带的国家和地区。渴望和平、追求和谐，始终是中国人民的精神特征。

基于近代中国所遭遇的深重灾难，今天的中华民族更加珍视和平。1840 年以来，中国屡受西方列强侵略，山河破碎，生灵涂炭，国家危在旦夕，民族危亡急迫。救国图存、复兴民族成为无数中华儿女甘愿抛却生命而为之奋斗的目标。历经 110 年艰苦卓绝的奋争，数千万民众失去生命，才换来新中国的成立，才缔造出一个国家和平的局面。可以说，世界上没有任何民族比中华民族更懂得和平的珍贵，更珍视当前的和平时

期。这一段历史经历强化了中华民族固有的和平基因，传承了中华儿女对和平发自内心的渴望。有了这一段历史的感悟，中国不会将自己的悲剧强加给别人，不会将自己的发展机会建立在其他民族和国家的苦难基础之上。争取并维护和平的国际环境，以和平的手段来发展自己，并以自己的发展来维护当前的和平，就自然成为和平发展道路的内在逻辑。这个逻辑不是源自他处，就源自中华民族历经数千年而不衰的和平文化。

三、坚持和平发展道路是中国基本国情的需要

邓小平同志曾对中国要走的道路有过精辟的论述："要适合中国情况，走出一条中国式的现代化道路。"[①] 中国式的现代化目标和道路必须适合中国的国情，必须从中国的特点出发。"中国式的现代化"的国情，或者说"中国和平发展"的国情的起点是什么呢？邓小平认为，中国国情至少有两个重要特点：一是底子薄，中国是世界上很贫穷的国家之一，科技水平比世界先进国家落后二三十年，十年动乱的后果极其严重。二是人口多，特别是农民多，耕地少，吃饭、教育和就业都成为严重的问题[②]。邓小平的话如果用数据来表达就是，中国人口多、底子薄，用占世界7.9%的耕地、6.5%的淡水资源养活着世界近20%的人口，经济社会发展成就要由13亿多人共享，不断满足众多人口生存和发展需求是巨大难题。这两大特点决定了中国"既是大国，又是小国"的基本特点将保持很长一段时间，这也决定了中国只能走和平发展而不是扩张争霸的道路。

经过40年的改革开放与和平发展，中国已经成为世界第二大经济体，并且正在逐步成长为世界强国。但同时必须清醒地认识到，我们现在仍然是一个发展中国家，发展不平衡、不协调、不可持续的现象十分突出。要让亿万中国人民过上幸福生活，中国还有很长的路要走，和平的国际环境依然是中国持续发展的必要条件。当然也要看到，经过40

---

① 邓小平．邓小平文选：第2卷．北京：人民出版社，1994：163．

② 同①163-164．

年的开放发展，随着中国日益融入世界经济，中国的国情也出现了新的变化。最为显著的就是，中国的经济结构已发生根本性的转变，由内向型经济转变为外向型经济，形成了“三头在外”的格局。这种市场、原材料和投资“三头在外”的经济格局，意味着中国在世界各地有大量的海外权益。一方面，这种经济格局的形成要求我们深度融入世界经济、参与全球分工，这样中国的经济才能获得可持续发展的动力。另一方面，维护好不断扩大的海外权益固然首先要靠我国综合国力的不断增强，同时也需要我们与各国保持和平友好的关系，需要我们维护好地区和世界的和平与稳定，需要我们通过和平发展把中国同各国的利益联系得更紧密，把经贸投资的渠道开辟得更通畅，把国际合作的机制梳理得更顺当。这说明，随着中国的发展壮大，中国对和平发展的要求不是减少了而是增多了，只有始终不渝地走和平发展道路，民族复兴的中国梦才能实现。

四、坚持和平发展道路是顺应世界潮流的选择

当前，和平、发展、合作、共赢已成为世界主流。世界经济全球化和社会信息化正在迅速改变着地球的面貌、人们的日常生活和国家间的互动模式。随着经济交往日趋紧密，国家间已经形成了一损俱损、一荣俱荣的利益共同体。2008年的世界金融危机，没有任何国家可以置身事外，摆脱世界经济大潮低迷的影响。在这种相互依赖日趋紧密的利益网络中，以战争的方式获取利益或收益，其成本已经高得让单个国家难以承受。如果说，冷战期间美国和苏联依靠核威慑打造了“恐怖平衡”，那么在全球化深入发展的今天，各国特别是大国之间越来越通过利益融合形成了“利益制衡”①。战争不再是获取国家利益的理性手段。

冷战结束以后，非传统安全威胁上升，恐怖主义、金融危机、网络安全、资源安全、气候变化、环境问题、粮食短缺、大规模传染性疾病等，威胁着世界各国的安全。在非传统安全威胁下，一方面，人类已经

① 王毅．坚定不移走和平发展道路 为实现民族复兴中国梦营造良好国际环境．国际问题研究，2014（1）．

形成命运相依的全球命运共同体；另一方面，战争尤其是大规模战争、联盟、排他性的地区安排等方式难以有效应对这些非传统安全威胁，全球治理的紧迫性急剧上升。在这种情形下，国家间合作与和平相处比任何时候都更为珍贵。也是因为如此，习近平总书记一再指出，“世界潮流，浩浩荡荡，顺之则昌，逆之则亡”，“要跟上时代前进步伐，就不能身体已进入21世纪，而脑袋还停留在冷战思维、零和博弈的旧时代”。中国在坚持走和平发展道路的同时，进一步提出构建合作共赢的新型国际关系，抛却你输我赢、赢者通吃的冷战思维，通过国家的共赢合作来应对日渐突出的全球性问题，以更加积极的姿态、更为负责任的态度、更为开放的心胸来应对威胁，维护世界和平，打造人类命运共同体，不断增进世界各国人民的共同福祉。

由此可以看出，中国始终不渝走和平发展道路是顺应世界潮流之举。党的十九大郑重宣告：中国无论发展到什么程度，永远不称霸，永远不搞扩张。这一道路使中国成为维护世界和平的坚定力量。

第3节　中国坚持和平发展道路维护了世界和平

习近平总书记在主持中共中央政治局第三次集体学习时指出：“和平发展道路能不能走得通，很大程度上要看我们能不能把世界的机遇转变为中国的机遇，把中国的机遇转变为世界的机遇，在中国与世界各国良性互动、互利共赢中开拓前进。”中国坚持和平发展道路最大的机遇是什么？就是第二次世界大战以后世界保持了基本的和平。现在中国正以自己的和平发展来壮大维护世界和平的力量，以自己的发展来为世界发展提供机会。

一、中国坚持和平发展道路打破了“国强必霸”的传统模式

世界尤其是西方世界担心中国崛起的一个重要原因在于，它们认

为，中国崛起会落入崛起国以战争方式挑战守成国的历史窠臼，从而陷入大国政治的悲剧。这种担心的逻辑源自古希腊大学者修昔底德所撰写的历史巨著《伯罗奔尼撒战争史》。公元前 5 世纪，古希腊世界中新兴城邦雅典的迅速崛起引起了斯巴达这个守成强国的恐惧，两者随后卷入了一场长达 28 年的战争。这就是政治学中有名的“修昔底德陷阱”。在实践中，它们的观察是，人类近代历史上总共有过 16 次新兴大国的崛起，其中 12 次最终引发了战争。从以往世界力量对比演变的规律看，改变世界格局的重大力量对比变化，往往是通过激烈的方式甚至是战争的方式实现的。近代欧洲在 17 世纪 30 年战争后建立起威斯特伐利亚体系，19 世纪拿破仑战争后建立起维也纳体系，20 世纪第一次世界大战后建立起凡尔赛体系，第二次世界大战后建立起雅尔塔体系。20 世纪 90 年代，苏联解体也带来世界力量格局的重新组合。从结果上看，苏联解体对其自身的破坏及对世界的广泛影响并不亚于一场大规模的战争。理论逻辑的推演与对历史实践的观察的重合，使得西方陷入对中国崛起的深深忧虑中，担心发展壮大的中国会挑战世界大国、挑战现行国际秩序从而导致冲突甚至是战争的爆发。中国能否跨越“修昔底德陷阱”，能否打破“国强必霸”规律？这需要中国给出自己的答案。

修昔底德

中国坚持走和平发展道路，其中一个重要的方向就是要走出一条不同于西方大国崛起的新路。2014 年 6 月 28 日，习近平主席在和平共处五项原则发表 60 周年纪念大会上的讲话中说，中国人民崇尚“己所不欲，勿施于人”。中国不认同“国强必霸论”，中国人的血脉中没有称王称霸、穷兵黩武的基因。中国将坚定不移沿着和平发展道路走下去，这对中国有利，对亚洲有利，对世界也有利，任何力量都不能动摇中国和平发展的信念。

和平发展道路是一条新路，新就新在它在人类历史上第一次超越后起大国传统的崛起之路，不是通过军事扩张、掠夺资源、争霸或称霸，而是通过和平的方式、渐进的方式，主要依靠自己的力量和改革创新实现发展。与此同时，中国坚持改革开放，学习借鉴别国长处，在与经济全球化相联系的历史进程中，寻求与各国合作共赢和共同发展，同国际社会一道努力推动建设持久和平、共同繁荣的和谐世界，推动人类命运共同体的建设。

从和平发展道路的逻辑起点看，中国坚持走和平发展道路是基于中国自身独特的基本国情，“走出一条中国式的现代化道路”。因此，它也不是一般意义上尤其不是西方式的现代化道路。从这个意义上说，“中国的和平发展”也不是重复西方大国的老路，而是走出一条中国式的大国强国道路。这条道路所要解决的根本问题是什么呢？在十八届中共中央政治局常委 2012 年 11 月 15 日与中外记者见面时，习近平总书记讲得极为明白，他说：“我们的人民热爱生活，期盼有更好的教育、更稳定的工作、更满意的收入、更可靠的社会保障、更高水平的医疗卫生服务、更舒适的居住条件、更优美的环境，期盼孩子们能成长得更好、工作得更好、生活得更好。人民对美好生活的向往，就是我们的奋斗目标。人世间的一切幸福都需要靠辛勤的劳动来创造。我们的责任，就是要团结带领全党全国各族人民，继续解放思想，坚持改革开放，不断解放和发展社会生产力，努力解决群众的生产生活困难，坚定不移走共同富裕的道路。”从习近平总书记的讲话中可以看出，中国共产党带领全体中国人民所要追求的目标就是谋求人民的幸福生活。我们的目标是内向的，是以人民的幸福生活为归依的，而不是外向的，不是在世界上称王称霸。由此可见，一个内向的目标怎么可能走向扩张的道路呢？追求幸福又怎么可能诉诸破坏幸福的武力手段呢？

中国坚持走和平发展道路，其积极意义是显而易见的。首先，通过和平发展道路，中国人民可以实现追求幸福生活的目标；其次，和平发展道路超越了西方固有的大国政治的悲剧，避免了“修昔底德陷阱”；最后，和平发展道路为世界各国提供了一条可资借鉴的道路模式，即在和平中谋求发展，通过发展来维护和平。

二、中国坚持和平发展道路提供了维护世界和平的公共产品

发展是维护世界和平的基础，只有世界各国都实现了均衡发展，在世界范围内消除了贫困，消除了发展的不均衡问题，维护世界和平才能具备基本的物质基础。新中国成立以来尤其是改革开放以来，中国实现了快速发展，国力迅速提升。与此同时，中国并没有独享和垄断发展的机会，一直以来，中国在以自己的发展来促进世界和世界各国的发展。

2013 年 3 月 23 日，习近平在担任中华人民共和国国家主席后首次出访，在莫斯科国际关系学院发表演讲时指出，面对国际形势的深刻变化和世界各国同舟共济的客观要求，各国应该共同推动建立以合作共赢为核心的新型国际关系，各国人民应该一起来维护世界和平、促进共同发展。“构建合作共赢的新型国际关系”的提出，意味着中国愿意与世界各国分享自己的发展成果，愿意与世界各国在合作中维护世界的和平与发展的机遇。2014 年 8 月 22 日，习近平主席在蒙古国国家大呼拉尔发表演讲时强调：“中国愿意为包括蒙古国在内的周边国家提供共同发展的机遇和空间，欢迎大家搭乘中国发展的列车，搭快车也好，搭便车也好，我们都欢迎，正所谓‘独行快，众行远’。”这是中国国家元首首次向世界明确宣布欢迎其他国家搭乘中国发展的列车，中国发展的胸怀是向全世界敞开的。未来 5 年，中国预计将进口超过 10 万亿美元的商品，对外投资规模预计超过 5 000 亿美元。这对世界各国而言，毫无疑

问都是一个巨大的发展机遇。而中国倡导的“一带一路”建设，更是为沿带沿路国家提供了产能合作、基础设施建设等急需的发展机会。

国际货币基金组织（IMF）的数据表明，2016 年中国 GDP 增速为 6.7%，超过印度的 6.5%，重回世界第一。2016 年度，中国为全球经济增长贡献了 1.2 个百分点。美国只贡献了 0.3 个百分点，且有高额外债。欧洲的贡献只有 0.2 个百分点。事实上，近年来美、欧、日等主要经济体对世界经济增长的带动作用明显减弱；印度等国虽然增速较快，但由于经济规模不大，还不能成为带动世界经济增长的主力；巴西、俄罗斯等国尚未走出衰退的阴影。公认的判断是，中国成为世界经济增长的第一引擎。如德国媒体所称：“无论如何，有一点是清楚的：一旦中国不再增长，世界就会陷入严峻的萧条期。”IMF 的数据还表明，“十二五”期间，按照 2010 年美元不变价计算，中国经济增长对世界经济增长的年均贡献率达到 30.5%，跃居全球第一。2016 年，中国经济增长对世界经济增长的贡献率仍居首位，达到 33.2%。这就意味着中国的发展不仅为世界发展提供了机会，还为世界和平的维护提供了“发展机会”这一最大的和平的“公共产品”。

中国和平发展道路是在经济全球化和非传统安全威胁上升的时代背景下提出的，这种国际环境既为中国发展提供了难得的机遇，又决定了中国和平发展不同于西方大国崛起的意义。21 世纪初，全球化和非传统安全威胁对中国和平发展的影响明显加大，能源安全、环境恶化、传染病流行、“东突”组织的恐怖活动等都将上升为威胁国家安全和发展的战略问题。如果非传统安全问题处理不当，则很有可能导致传统的战争和武装冲突，危及国家安全和社会稳定。但是，如果我们以非传统安全为契机，扩大与美国等主要大国的共同利益，增加我国在地区合作中的影响力，树立起负责任大国的国际形象，中国的发展就会成为世界和平的促进力量①。而在维护世界和平、提供维护世界和平的公共产品领域，

① 傅勇．非传统安全与中国和平发展道路．毛泽东邓小平理论研究，2006（7）．

中国是做出了实实在在贡献的。

在维护和平的机制建设方面，中国和俄罗斯合力打造的上海合作组织，已成为维护中亚地区安全、打击三股恶势力的中坚力量；中国力主的六方会谈虽然因为种种原因陷入停摆状态，但六方会谈推进的时期才正是半岛最为稳定的时候。在具体行动方面，中国作为联合国安理会常任理事国，自 1990 年首次向维和行动派遣军事观察员以来，至 2015 年 10 月已累计派出了 3 万余人次维和人员，先后参加了 29 项维和行动。2016 年 1 月，3 043 名中国军人和警察在 10 个维和任务区为和平值守。中国积极参与反恐、防扩散领域国际合作，向遭受严重自然灾害的国家提供人道主义援助，并派出救援队，为打击海盗行为向亚丁湾、索马里海域派遣海军护航编队。中国参加了 100 多个政府间国际组织，签署了 300 多个国际公约，成为国际体系的参与者、建设者和贡献者。中国是最早制定并实施应对气候变化国家方案的发展中国家，也是近年来世界各国中节能减排力度最大、新能源和可再生能源研发速度最快的国家之一。

中国以自己的实际行动为世界提供了发展的机会，维护着世界和平，以自己的作为为世界和平的维护贡献着公共产品。中国这些身体力行的具体举措，证明“中国的发展是世界和平力量的发展”的宣示不是外交辞令，而是实实在在的客观事实。

三、中国坚持和平发展道路本身就是对世界和平的重大贡献

国际政治的一个基本常识是，世界大国基于其自身的资源禀赋和权力基础，在国际事务中发挥着关键作用，大国的政策倾向往往决定着地区甚至世界格局、国际形势的走向。中国作为当今世界的一个重要大国，拥有 960 万平方公里领土、300 万平方公里海域、13 亿多人口。中国还是联合国五大常任理事国之一、世界第二大经济体、第一大货物贸易国、第一大工业产品生产国、第一大外汇储备国。如此众多的资源基础，意味着中国拥有世界最为顶级的军事动员资源和军事行动能力。从这个意义上讲，中国坚持和平发展道路本身就是对世界和平的重大贡

献。试想一下，如果这样的一个大国重走西方扩张的老路，那么世界和平根本就无从谈起，更遑论世界和平的维护。中国坚持和平发展的道路体现在四个方面：维护国际秩序；构建新型大国关系；不输出意识形态；和平解决争端尤其是领土争端。

国际体系与国际秩序是否稳定影响着世界和平的缔造与维护。在国际体系仍然以主权国家为主体、以大国力量为基础框架的历史条件下，其转型的时间、方向和性质取决于大国平衡的保持与打破。“和平”转型的关键在于大国力量转换是否以和平方式进行①。随着中国崛起进程的推进，西方担心中国会变革现行国际秩序，尤其是担心中国会以激烈的方式推翻既有国际秩序，将中国定义为改变国际秩序的“修正主义”国家。

2015 年 9 月，习近平主席访美期间就提出，中国是现行国际体系的参与者、建设者、贡献者，同时也是受益者。改革和完善现行国际体系，不意味着另起炉灶，而是要推动它朝着更加公正合理的方向发展。9 月 28 日，习近平主席在联合国总部出席第七十届联合国大会一般性辩论，并发表题为《携手构建合作共赢新伙伴　同心打造人类命运共同体》的讲话，更为鲜明地指出：“中国将始终做国际秩序的维护者，坚持走合作发展的道路。中国是第一个在联合国宪章上签字的国家，将继续维护以联合国宪章宗旨和原则为核心的国际秩序和国际体系。”这意味着中国不把改变现行国际秩序作为自己追求的战略目标。不仅如此，中国还身体力行遵守现行的国际规则。2015 年 9 月 22 日，习近平主席访美的成果清单里面特别提出，以规则为基础的国际经济体系在过去 35 年中助推中国实现了前所未有的经济增长，使亿万人民摆脱了贫困。这表明中国是现行国际规则的受益者，中国无意也不可能推翻已经让自己受益的规则。那么，中国在国际秩序的框架下追求的目标是什么呢？就是改革和完善现行国际体系，在已有的秩序和规则的基础上加以完善，使之更加合理，更能体现当今世界的发展现状和

---

① 黄仁伟. 国际体系转型与中国和平发展道路. 毛泽东邓小平理论研究，2006（5）.

发展趋势。

如前所述，大国关系的状态如何决定着国际秩序的走向，决定着地区与世界和平的建构与维护。2013 年 6 月 8 日，习近平主席在安纳伯格庄园与奥巴马总统会晤时提出，要构建“不冲突、不对抗，相互尊重，合作共赢”的新型大国关系，美方将其定义为打破了“崛起国与守成国必然冲突”的历史魔咒，是以“新答案”解决“老问题”。不仅中美之间要构建新型大国关系，中国与世界其他大国之间也要构建新型大国关系，它解决的根本问题就是，避免重蹈大国对抗和零和博弈的覆辙，切实走出一条大国合作共赢的新路。只有大国之间实现了和平共处，做到了合作共赢，世界和平才能搭建起最为基本的架构。

中国坚持走和平发展道路，一个基本的原则就是不搞意识形态和革命输出。20 世纪持续半个多世纪的美苏对峙之所以被称为冷战，就是因为双方虽然没有直接爆发正面的武装冲突，但在意识形态领域却始终保持着尖锐的对峙和对抗。一个最为显著的做法，就是美苏双方在意识形态领域大搞对外输出，同时输出的还有意识形态鼓动下的革命。虽然中国坚持社会主义道路，但中国政治上没有输出社会主义意识形态，更不会输出意识形态主导下的暴力革命。与此相反，中国在对外交往中，将意识形态与文化文明区别开来，一方面坚持只要是被实践证明为优秀的人类文明成果，不管是姓“资”还是姓“社”，中国都会积极吸收借鉴的做法；另一方面主张“促进和而不同、兼收并蓄的文明交流”，共同促进人类文明的发展进步。习近平主席在出席第七十届联合国大会一般性辩论时指出：“文明相处需要和而不同的精神。只有在多样中相互尊重、彼此借鉴、和谐共存，这个世界才能丰富多彩、欣欣向荣。不同文明凝聚着不同民族的智慧和贡献，没有高低之别，更无优劣之分。文明之间要对话，不要排斥；要交流，不要取代。人类历史就是一幅不同文明相互交流、互鉴、融合的宏伟画卷。我们要尊重各种文明，平等相待，互学互鉴，兼收并蓄，推动人类文明实现创造性发展。”正是这种开放、开明的姿态，才使中国在融入世界的同时能够被世界视作和平的、积极的力量。

和平解决争端尤其是领土领海争端，是中国始终坚持的原则和基本立场。领土是一个民族国家最为基本的物理特性，领土纠纷导致的国家冲突甚至战争，一直以来都是民族国家体系下战争爆发的一大诱因，它严重威胁着地区稳定与世界和平。自新中国成立以来，中国同 12 个陆地邻国解决了历史遗留的边界问题，坚持通过对话谈判处理同邻国间的领土和海洋权益争端，以建设性姿态提出“搁置争议、共同开发”的主张，维护周边海域的和平稳定。应该说，中国的周边海域形势不容乐观。尽管周边大片海域被周边国家侵占，尽管中国的利益受到极大损失，中国也没有放弃“要坚持用和平方式、谈判方式解决争端，努力维护和平稳定”的原则立场。可以说，在领土领海纠纷中，周边地区基本稳定的大局离不开中国和平解决争端的原则立场，离不开中国自我克制、维护地区和平的积极姿态。

中国共产党是为中国人民谋幸福的政党，也是为人类进步事业而奋斗的政党。中国共产党始终把为人类做出新的更大的贡献作为自己的使命。坚定不移走和平发展道路不仅是中国共产党人适应国情世情做出的重大决定，也是中国政府面向世界做出的庄严承诺。这条道路的出发点在于，积极争取和平的国际环境发展自己，同时又以自身的发展促进世界和平；这条道路的落脚点在于，通过和平方式实现民族振兴，同时又带动其他国家共同繁荣。和平发展道路是一条和平与发展相互依存、内政与外交有机统一、本国利益与人类共同利益密切结合的新型发展道路，是国际关系史上一大创举，也是人类社会发展的一大进步①。我们有信心也有能力让中国的和平发展道路越走越宽，越走越顺畅。和平发展道路在中国梦、各国梦和世界梦之间搭起一座坚实的桥梁，一个和平的世界、一个繁荣的世界正浮现在这座恢宏的大桥上。

---

① 王毅．坚定不移走和平发展道路　为实现民族复兴中国梦营造良好国际环境．国际问题研究，2014（1）．

What can China's Road Contribute to the World

WHAT CAN CHINA'S ROAD CONTRIBUTE TO THE WORLD

结　语

为人类对更好社会制度的探索提供中国方案

结语　为人类对更好社会制度的探索提供中国方案

1956 年，毛泽东指出：进入 21 世纪，中国的面目要大变，中国应当对于人类有较大的贡献。60 年后，作为对毛泽东的预言和期待的回应，习近平总书记在庆祝中国共产党成立 95 周年大会上首次指出，“中国共产党人和中国人民完全有信心为人类对更好社会制度的探索提供中国方案”。2017 年在党的十九大报告中，习近平同志指出中国特色社会主义进入了新时代，并说这是一个中国“日益走近世界舞台中央、不断为人类作出更大贡献的时代”。深刻理解这些重大论断，对于从全球和人类高度理解中国发展的当前和未来，更好地推动中国改革开放和现代化建设事业，进一步坚定道路自信、理论自信、制度自信和文化自信，具有十分重要的意义。

一、提出“中国方案”命题的世界背景

2008 年国际金融危机以来，以美国、欧洲国家为代表的一些西方国家出现了“经济困境、民主乱象、人权乱景、民生困难、安全困局”，这构成了“中国方案”出场的世界背景。

资本主导，是导致西方困境的总根源。资本主义性质和基因决定了西方国家在各个领域必然遵循资本主导的逻辑。自资本主义在西欧兴起以来，一部世界近现代史，就是一部资本主导逻辑驱动下的资本主义的全球扩张史。历史地看资本，它创新了人类文明，推进了世界发展。然而，就其实质来讲，资本的本性是通过运动实现价值增殖，而资本的运动是无休止的，哪里能够实现价值增殖，它就会出现在哪里。资本主导的逻辑以在全世界范围内追逐和攫取剩余价值为目的，而当西方从其主导的世界体系中过度攫取并挥霍“超额利润”，使得全球市场出现了“社会需要”严重不足时，当某个阶段市场空间和技术创新的红利被攫取殆尽时，资本主义就必然出现困境。2008 年国际金融危机之后，以美国为首的西方国家出现的困境就是在这种情况下发生的。这种困境，在经济领域体现为实体经济不振，在政治领域体现为调节无力，在社会领域体现为贫富差距拉大，在意识形态领域体现为虚伪性暴露，在国际领域体现为保守主义抬头。

西方困境，说到底是以资本为主导的逻辑所导致的制度缺陷造成的，而这恰恰为“中国方案”的出场提供了宏大的世界性场景。中国较早地从冷战中抽身，毅然决然地启动了改革开放，以融入、推动、参与西方主导的世界体系的方式，获得了 40 年来之不易且令世人震惊的发展奇迹。风景这边独好！其原因很多，其中最根本的，就是中国在中国共产党的坚强领导下，以马克思主义为指导，以人民为中心，坚持走社会主义道路，推动马克思主义中国化时代化大众化，开创、发展和完善了中国特色社会主义道路、理论、制度和文化；中国利用资本但不被资本所俘虏，运用资本力量但驯化资本，不让资本占主导。正是中国共产党为人类对更好社会制度的探索提供了中国方案，才使得中国成为迄今为止第一个体量最大、历史最悠久、以非西方化的方式最成功地实现着社会主义现代化的国家。

二、什么是“社会制度的中国方案”

中国共产党领导下的中国取得巨大发展成就，与中国特色社会主义制度之间具有必然的联系；同时，中国共产党领导下的中国所取得的巨大发展成就中，必然包含巨大的制度成就，并且制度成就更具有根本性、长期性和稳定性。因此，中国共产党在推进社会主义制度自我完善和发展中，在经济、政治、文化、社会等各个领域形成的一整套相互衔接、相互联系的制度体系，构成当代中国发展进步的根本制度保障，集中体现了中国特色社会主义的特点和优势。这一制度体系包括：由人民代表大会制度、中国共产党领导的多党合作和政治协商制度、民族区域自治制度和基层群众自治制度构成的基本政治制度，以公有制为主体、多种所有制经济共同发展的基本经济制度，中国特色社会主义法律体系，以及建立在基本政治经济制度上的其他政治制度、经济制度、文化制度、社会制度和生态文明制度等所构成的中国特色社会主义制度。

习近平同志指出：“我们要坚信，中国特色社会主义制度是当代中国发展进步的根本制度保障，是具有鲜明中国特色、明显制度优势、强大自我完善能力的先进制度。”站在全球和人类的高度审视中国特色社会主义制度，可以看出什么样的“中国方案”？从中国特色社会主义制度的世界意义看，它至少给包括发达国家在内的所有其他国家特别是发展中国家贡献了如下智慧和启示：任何国家要想实现良性有序的发展，就必须充分发挥强大的领导力量的整合作用，就必须充分发挥完善的制度体系的支撑作用，就必须充分发挥正确方向对制度的引领作用。中国共产党的领导，在当代中国发挥着重要的思想整合、利益整合作用。一些国家和地区之所以陷入混乱和动荡而难以自拔，主要是因为缺乏思想整合和利益整合，而缺乏思想整合和利益整合的主要原因就是缺乏强有力的政党领导。因此，习近平总书记指出：“中国特色社会主义最本质的特征是中国共产党领导，中国特色社会主义制度的最大优势是中国共产党领导。”基本政治制度、经济制度以及建立在其上的其他各种制度所形成的制度体系，有效保障了中国社会治理水平和国家主权安全，对当代中国的稳固发展壮大起着十分重要的支撑作用。以社会主义为质的规定性，以满足和实现最广大人民群众的根本利益为目标，中国特色社会主义具有正确的方向引领。这些“社会制度的中国方案”的关键特征，既是中国成功的部分秘诀所在，也恰恰是其他许多国家所缺乏的。2008 年国际金融危机以来，对于这一点人们看得越来越清楚了。

“中国方案”是一个中国人自己用马克思主义的智慧、东方的智慧解决现代化难题的方案，它是在世界近现代历史的运动中孕育生成的，是中国在实现现代化的过程中形成的方案。20 世纪初，基于西方列强欺负凌辱的切肤之痛，基于对西方列国现代化过程中出现的种种问题的反思，基于亟须彻底摆脱封建落后的制度文化的迫切需要，引领时代潮流的中国共产党带领中国人民走上了一条以马克思主义为指导、以武装夺取政权为基本形式的不同于西方国家的现代化道路，这就从源头上注定了中国的现代化一定是中国式的现代化，也就是具有独特“中国方案”的现代化。中国革命胜利后，由于西方国家的压制与围堵，由于社会主义阵营的支持与帮助，在革命时代所形成的带有萌芽性质的制度体系的基础上，中国创设了社会主义制度，并在社会主义改造的基础上，带着落后国家快速实现现代化的急切心情，以苏联模式为参照建立了庞大的计划经济体制。尽管这套体制对于中国的现代化起了巨大的作用，但它也存在难以克服的弊病，特别是随着时间的推移，其弊病显露得越来越明显。于是，改革开放就被提升到了中国现代化的日程上来。

改革开放是社会主义中国的自我完善和发展，是 20 世纪后期中国为顺应世界潮流、加速实现现代化而做出的战略抉择，它使得中国摆脱了已经僵化的苏联模式的困扰，找到了一条适合中国国情的、较快实现现代化的中国路径。这个路径使得中国较早地突破了冷战的局面，融入了发展水平较高的世界体系之中，从这个世界体系中汲取了有益于自身发展的资金、技术和管理经验等，并为中国发挥比较优势和后发优势创造了充分的国际市场空间。从这个意义上讲，这个路径带有一定程度的“向西方学习”的色彩。但是，这个路径不是也不可能是对西方的简单模仿。中国的改革开放是由社会主义革命的基因所决定的，是在社会主义建设奠定的制度基础、物质基础和精神财富之上进行的；同时，西方对于中国的改革开放，始终抱着一种警惕乃至敌视的态度，特别是冷战结束后，这种态度日益明显。这两个方面的因素决定了中国的现代化必须立足中国实际、坚持中国立场，而不能够照抄照搬他国方案。20 世纪末 21 世纪初，借助冷战胜利带来的空前霸权地位，西方国家以前所未有的力度在全球推行所谓的“自由市场体系”，并从中收获了超额剩余价值。然而，不受任何制约的西方国家，由于肆意运用其军事、资本力量等，以 2008 年国际金融危机的爆发为标志，陷入了困顿状态。而中国正是一方面坚持改革开放，一心一意谋发展，聚精会神搞建设，另一方面对西方主导的国际体系又保持了足够的审慎和戒惧，所以尽管也受到了一些冲击，但总体上保持了“风景这边独好”的发展态势。

中国方案是“中国智造”的产物。中国是迄今为止第一个体量最大的、历史最悠久的、相对最成功的非西方化地实现了初步现代化的国家。从历史渊源看，“中国方案”是中国共产党团结带领各族人民，在革命、建设和改革各个历史时期，坚持从中国实际出发、走自己的路而探索出的现代化方案；从时代背景看，“中国方案”是在西方国家的发展模式陷于困顿、许多发展中国家无所适从、中国展示了改革开放巨大成就的背景下浮现出来的蕴含中国智慧的现代化方案。这个方案终结了“历史终结论”，超出了西方的原有知识体系和认知框架，更改了一直以来西方所认为的，也是它们所遵循的“崛起必战”“国强必霸”的逻辑，向世界上的绝大多数国家展示了一条不以牺牲自身制度和文化特性为代价的、非西方式的现代化道路。

三、中国为什么能为人类对更好社会制度的探索提供中国方案

（一）深厚的文化滋养

中国传统文化滋养着中国，向世界展示了贵和尚中、和而不同、天人合一的“仁义”“和合”文化。这种文化更具有世界道义性，更具有世界魅力。中国的崛起，实际上代表着一种中国文化精神的崛起；中华

民族的伟大复兴，实际上意味着中国文明的复兴；中国的成功，实际上代表着一套价值观念的成功。这种文化之核心，就是倡导世界大同、协和万邦、和而不同。这是一套能够解析中国道路、破译中国奇迹的文化密码，是一套完全不同于新教伦理与资本主义精神的价值体系，是一套与西方自由民主制度相比更有优势的精神财富。

（二）深厚的历史渊源

西方最先走上现代化道路，“西方模式”往往被看作现代化的较好选择，甚至是唯一选择。于是，“走西方道路”，就成为很多国家无法抗拒的致命诱惑。现代化的方向无法绕开，但道路可以选择。中国式的现代化在一定意义上与西式现代化具有共同点。然而，其现代化的实现形式与西方的现代化却有所不同。悠久的中国历史、曲折的革命历程、多样的现实比较，使得中国共产党人对于实现什么样的现代化，一开始就有自己的独立判断和选择，从未简单地复制西式现代化模式。当代中国式社会主义现代化道路是在当代中国的历史性实践中逻辑地生成的，是具有完全自主知识产权的“中国智造”，是“世界近代史上的一次伟大创举”。

（三）深厚的现实根基

“中国方案”，是当今中国共产党人带领中国人民探索并找到的促进中国走向成功的以中国道路、中国理论、中国制度和中国文化为核心内容的方案。中国共产党在推进社会主义制度自我完善和发展中，不仅开创了中国道路和中国理论，而且在经济、政治、文化、社会等各个领域形成了一整套相互衔接、相互联系的中国特色社会主义制度体系，它集中体现了中国特色社会主义的特点和优势，有效保障了国家能力和国家主权安全，是当代中国发展进步的根本制度保障。这些“社会制度的中国方案”，是中国成功的根本秘诀所在。

（四）深厚的理论基础

“中国方案”，是一种以马克思主义为指导、以优秀传统文化为根魂、具有社会主义性质、可以破解中国问题且指导中国实践的理论方案。马克思主义，尤其是当代中国马克思主义为“中国方案”提供了坚实的理论基础。马克思主义以及马克思主义中国化的最新成果，使得当今中国获得了强大的理论创造力、思想主动性和理论自信。以马克思主义为指导，我们选择的是具有社会主义性质的“中国方案”，而较之于资本主义，社会主义本身就内含着人类对更好社会制度的探索这一旨向。

（五）深厚的理想支撑

“中国方案”，是一种对未来理想社会具有崇高追求且能树立起人的理想信念的精神方案。革命理想高于天。中国共产党深知精神、信仰的力量对于治国理政的极端重要性，把理想信念作为战胜千难万险、取得成功的精神法宝，既强调中国特色社会主义是从科学社会主义中生长出来的，又强调坚持中国特色社会主义共同理想，就是为实现共产主义远大理想奠定坚实的现实基础，还强调中国特色社会主义的发展方向就是实现共产主义远大理想。而这对解决当今人类发展进程中出现的某种精神迷失，具有重要启示意义。

四、中国为人类对更好社会制度的探索提供了什么样的“中国方案”

习近平总书记指出：“为人类不断作出新的更大的贡献，是中国共产党和中国人民早就作出的庄严承诺。”在这个贡献中，必然包含着“中国方案”的贡献。

第一，“中国方案”的贡献在于它在既不封闭僵化又不改旗易帜的情况下，注重实事求是，从客观实际出发，立足本国国情，走出一条符合本民族实际的发展道路。“中国方案”是一套积极、稳妥的治国理政方案。其积极之处在于，在“中国方案”的指引下，中国始终坚定不移地积极追求实现现代化和民族复兴，始终不拒斥现代化，并且对现代化保持强烈的开放与热情；其稳妥之处在于，中国在追求现代化进程中，始终以不牺牲本国固有的制度和文化特性为代价，而是成功地在本国既有的制度体系和文化土壤的基础之上，从中国具体国情和实际出发，走一条符合自身实际的道路。正如党的十九大报告所指出的，中国特色社会主义进入新时代，拓展了发展中国家走向现代化的途径，给世界上那些既希望加快发展又希望保持自身独立性的国家和民族提供了全新选择，为解决人类问题贡献了中国智慧和中国方案。

第二，“中国方案”的贡献在于它坚持政治发展的根本原则，能把握好正确的政治方向。“中国方案”坚持“一元主导”的社会主义根本政治原则：在政党制度上，它更加鲜明、坚定地强调始终坚持中国共产党领导，强调这是“中国方案”的最根本特征和本质属性，也是“中国方案”的根本所在；在基本经济制度、分配制度上，它坚持以公有制、按劳分配为主体；在意识形态上，它坚持以马克思主义、当代中国马克思主义为指导；在价值取向上，它坚持以人民为中心。这种“一元主导”的“中国方案”坚持社会主义的根本政治方向，其优势在于可以避免在改革开放和现代化建设问题上改旗易帜、迷失方向。习近平同志在十九大报告中指出：我们完全有信心、有能力把我国社会主义民主政治的优势和特点充分发挥出来，为人类政治文明进步做出充满中国智慧的贡献。

第三，“中国方案”的贡献在于它注重“结合”，强调现代化进程中基本的矛盾关系的结合、协调，能避免左右摇摆。基于中国特色社会主义建设实践，中国形成了把坚持马克思主义基本原理同推进马克思主义中国化结合起来、把坚持四项基本原则同坚持改革开放结合起来、把尊重人民首创精神同加强和改善党的领导结合起来等十个方面结合的重要经验，这些结合都是中国特色社会主义建设进程中必然遇到的基本矛盾关系双方的结合。这些结合是中国特色社会主义建设的一个基本特征和基本方式。“中国方案”的优势在于它努力实现好这些结合，从而避免了左右摇摆。

第四，“中国方案”的贡献在于它注重“自主创新”，实施创新驱动，具有动力作用。在中国建设社会主义，建设中国特色的社会主义，本身就意味着自主创新。自主创新体现在理论上，就是指导思想的不断与时俱进；体现在实践中，就是重大决策部署的不断展开；等等。自主创新是中国共产党积累的基本经验，是不断探索得出的基本结论，是“中国方案”的题中应有之义。与其他“主义”相比，“中国方案”的优势在于它具有成长的内在驱动力。

第五，“中国方案”的贡献在于它注重定标、定向、定心、定神，沿着正确的道路前行，具有凝聚人心的作用和战略定力。中国道路意在定标，中国理论意在定向，中国制度意在定心，中国文化意在定神。以中国道路、中国理论、中国制度、中国文化为核心内容的“中国方案”，可以使中国共产党人聚精会神搞建设、一心一意谋发展。

第六，“中国方案”的贡献在于注重在政府与市场、社会的关系框架中，着力解决人民日益增长的美好生活需要和不平衡不充分的发展之间的矛盾这一社会主要矛盾，使党政主导力量、市场配置力量、人民主体力量都得到充分协调发挥，并形成合力，避免瞎折腾，进而让一切创造财富的源泉涌流，让一切创新活力迸发，从而使中国取得巨大成就。

第七，“中国方案”的贡献还在于它是一套富有建设性的治国理政方案，可以为人类发展提供诸多治国理政上的借鉴，具有正能量。世界近代史上，中国是唯一的一个不以殖民、侵略和战争为手段而实现崛起的国家，这一历程从根本上决定了，随着在世界上的话语权不断增大，中国必然会越来越发挥建设性作用。因此，近年来中国越来越多地向国际社会提出了“中国方案”：基于合作共赢、和平发展和构建人类命运共同体理念，推动构建以合作共赢为核心的新型国际关系，谋划和实施“一带一路”合作倡议，筹组亚投行等区域金融机构，进一步推进中非关系，经营好周边外交等，都是中国对完善全球治理提供的“中国方案”。在党的十九大报告中，习近平同志郑重向全世界宣告：“中国无论发展到什么程度，永远不称霸，永远不搞扩张。”

党的十九大报告指出：“中国共产党始终把为人类作出新的更大的贡献作为自己的使命。”100 多年前，国际列强竞相给中国列出各式各样的方案。谁也想不到，100 多年后的今天，中国竟然向世界贡献出了以自己名字命名的方案。“中国方案”作为一种新的现代化方案，打破了西方对于现代化道路解释权的垄断，把世界的现代化道路从单选题变成了多选题，坚定了世界上许多国家“走自己的路”的信心、决心。在制度选择和发展道路上，“西方中心论”一直坚持西方的就是最好的，而“中国方案”则揭示了“没有最好，只有更好”。不断完善、日益成功的“中国方案”构成了对“西方中心论”拥护者智商和情商的严重考验。这就从历史和时代的大逻辑上，回应了冷战结束以来特别是 2008 年以来世界人民对更好社会制度的热切期待；反过来，中国人民也必然以能够为人类对更好社会制度的探索做出一些贡献、展现一些智慧而感到骄傲和自豪。

“认识中国·了解中国”书系

中国智慧：十八大以来中国外交（中文版、英文版） 金灿荣
中国治理：东方大国的复兴之道（中文版、英文版） 燕继荣
中国声音：国际热点问题透视（中文版、英文版） 中国国际问题研究院
大国的责任（中文版、英文版） 金灿荣
中国的未来（中文版、英文版） 金灿荣
中国的抉择（中文版、英文版） 李景治
中国之路（中文版、英文版） 程天权
中国人的价值观（中文版、英文版） 宇文利
中国共产党就是这样成功的（中文版、英文版） 杨凤城
中国经济发展的轨迹 贺耀敏
当代中国人权保障 常 健
当代中国农村 孔祥智
教育与未来——中国教育改革之路（中文版、英文版） 周光礼 周 详
当代中国教育 顾明远
全球治理的中国担当 靳诺 等
中国道路能为世界贡献什么（中文版、英文版、俄文版、
法文版、日文版） 韩庆祥 黄相怀 等
时代大潮和中国共产党（中文版、英文版、法文版、日文版） 李君如
社会主义核心价值观与中国文化国际传播 韩 震
我眼中的中韩关系 [韩] 金胜一
中国人的理想与信仰（中文版、英文版） 宇文利
改革开放与当代中国智库 朱旭峰
当代中国政治（中文版、英文版） 许耀桐
当代中国社会：基本制度和日常生活（中文版、英文版） 李路路 石磊 等

国际关注·中国声音（中文版、英文版）	本书编写组
中国大视野2——国际热点问题透视	中国国际问题研究院
中国大视野——国际热点问题透视	中国国际问题研究所
中国新时代（中文版、英文版）	辛向阳
构建人类命运共同体（修订版）	陈岳　蒲傅
新时代中国声音	中国国际问题研究院
中国生态文明新时代	张云飞
当代中国扶贫（中文版、英文版）	汪三贵
当代中国行政改革	麻宝斌　郝瑞琪
当代中国文化的魅力	金元浦
城镇化进程中的中国伦理变迁	姚新中　王水涣
数字解读中国：中国发展坐标与发展成就（中文版、英文版）	贺耀敏
中国改革和中国共产党	李君如

图书在版编目（CIP）数据

中国道路能为世界贡献什么/韩庆祥等著．—北京：中国人民大学出版社，2017.7

（“认识中国·了解中国”书系）

“十三五”国家重点出版物出版规划项目

ISBN 978-7-300-24370-2

Ⅰ.①中… Ⅱ.①韩… Ⅲ.①中国特色社会主义-社会主义建设模式-研究 Ⅳ.①D616

中国版本图书馆 CIP 数据核字（2017）第 087909 号

“十三五”国家重点出版物出版规划项目

“认识中国·了解中国”书系

中国道路能为世界贡献什么

韩庆祥　黄相怀 等　著

Zhongguo Daolu Neng Wei Shijie Gongxian Shenme

出版发行	中国人民大学出版社		
社　　址	北京中关村大街 31 号	邮政编码	100080
电　　话	010－62511242（总编室）		010－62511770（质管部）
	010－82501766（邮购部）		010－62514148（门市部）
	010－62515195（发行公司）		010－62515275（盗版举报）
网　　址	http://www.crup.com.cn		
	http://www.ttrnet.com（人大教研网）		
经　　销	新华书店		
印　　刷	涿州市星河印刷有限公司		
规　　格	170 mm×240 mm　16 开本	版　　次	2017 年 7 月第 1 版
印　　张	14.5	印　　次	2019 年 5 月第 4 次印刷
字　　数	187 000	定　　价	49.80 元